competências do mediador e do conciliador

Daniele Polati Farinhas

Rua Clara Vendramin, 58
Mossunguê . CEP 81200-170
Curitiba . PR . Brasil
Fone: (41) 2106-4170
www.intersaberes.com
editora@intersaberes.com

▪ Conselho editorial
Dr. Alexandre Coutinho Pagliarini
Drª. Elena Godoy
Dr. Neri dos Santos
Mª. Maria Lúcia Prado Sabatella

▪ Editora-chefe
Lindsay Azambuja

▪ Gerente editorial
Ariadne Nunes Wenger

▪ Assistente editorial
Daniela Viroli Pereira Pinto

▪ Preparação de originais
Letra & Língua Ltda.

▪ Edição de texto
Palavra do Editor
Camila Rosa

▪ Projeto gráfico
Raphael Bernadelli

▪ Capa
Sílvio Gabriel Spannenberg (*design*)
OSJPHOTO/Shutterstock (imagem)

▪ Diagramação
Estúdio Nótua

▪ *Designer* responsável
Charles L. da Silva

▪ Iconografia
Regina Claudia Cruz Prestes
Sandra Lopis da Silveira

Dados Internacionais de Catalogação na Publicação (CIP)
(Câmara Brasileira do Livro, SP, Brasil)

Farinhas, Daniele Polati
 Competências do mediador e do conciliador / Daniele Polati Farinhas. – Curitiba, PR: Editora Intersaberes, 2023.
 Bibliografia.
 ISBN 978-85-227-0535-1

 1. Conciliação 2. Comunicação 3. Ética 4. Estratégia de comunicação 5. Mediação 6. Negociação I. Título.

23-151875   CDD-303.69

Índice para catálogo sistemático:
 1. Mediação de conflitos : Sociologia 303.69
Eliane de Freitas Leite – Bibliotecária – CRB 8/8415

1ª edição, 2023.
Foi feito o depósito legal.

Informamos que é de inteira responsabilidade da autora a emissão de conceitos.

Nenhuma parte desta publicação poderá ser reproduzida por qualquer meio ou forma sem a prévia autorização da Editora InterSaberes.

A violação dos direitos autorais é crime estabelecido na Lei n. 9.610/1998 e punido pelo art. 184 do Código Penal.

prefácio 15

apresentação 19

como aproveitar ao máximo este livro 23

introdução 27

Capítulo 1 **Métodos de solução de conflitos - 29**

1.1 Contextualização - 30
1.2 Autotutela - 30
1.3 Heterocomposição - 31
1.4 Autocomposição - 40

Capítulo 2 **Política Judiciária Nacional de Tratamento Adequado dos Conflitos de Interesses - 53**

2.1 Evolução histórica dos métodos adequados de solução de conflitos na legislação brasileira - 54
2.2 Objetivos da Resolução n. 125/2010 do Conselho Nacional de Justiça - 62

2.3 Atribuições do Conselho Nacional de Justiça - 63

2.4 Atribuições dos Núcleos Permanentes de Métodos Consensuais de Solução de Conflitos - 65

2.5 Atribuições dos Centros Judiciários de Solução Consensual de Conflitos - 66

2.6 Formação de conciliadores e mediadores judiciais - 67

Capítulo 3 **Aspectos importantes da mediação e da conciliação - 75**

3.1 Semelhanças e diferenças entre a mediação e a conciliação - 76

3.2 Escolas clássicas de mediação - 79

3.3 Áreas de utilização da mediação e da conciliação - 81

3.4 Procedimentos de mediação - 93

3.5 Etapas da mediação e da conciliação - 97

Capítulo 4 **Princípios éticos e regras de conduta norteadoras da atuação do mediador e do conciliador - 111**

4.1 Princípios - 112

4.2 Regras - 120

4.3 Recomendações do Código de Ética para Mediadores do Fórum Nacional de Mediação - 124

4.4 Recomendações do Código de Ética para Mediadores do Conselho Nacional das Instituições de Mediação e Arbitragem - 129

4.5 Responsabilidades e sanções aplicáveis aos mediadores e conciliadores - 131

Capítulo 5 **Técnicas de negociação - 141**

5.1 Perfis de negociadores - 141
5.2 Método da negociação baseada em princípios - 146

Capítulo 6 **Técnicas de comunicação - 157**

6.1 Comunicação não violenta nos procedimentos de mediação e conciliação - 158
6.2 Estratégias de comunicação na mediação e na conciliação - 166

considerações finais 177

referências 179

respostas 185

sobre a autora 195

Primeiramente, agradeço a Deus por nunca me abandonar, embora a minha fé careça de dedicação às vezes. Faço especiais agradecimentos às professoras Débora Veneral e Daniele Assad Gonçalves, pela oportunidade de atuar como professora no Centro Universitário Internacional Uninter e pela indicação para a elaboração desta obra. Agradeço, ainda, à minha colega de profissão e amiga Jennifer Manfrin dos Santos, que me apresentou o mundo acadêmico, escreveu o prefácio deste livro e sempre me acompanhou durante a minha trajetória profissional.

"A menos que 'nos tornemos a mudança que desejamos ver acontecer no mudo' (como diria meu avô), nenhuma mudança jamais acontecerá. Se mudarmos a nós mesmos, poderemos mudar o mundo. Essa mudança começará por nossa linguagem e nossos métodos de comunicação."

Arun Gandhi (2021, p. 15)

A Constituição Federal de 1988, promulgada no dia 5 de outubro, representa o marco principal da redemocratização do país, e entre seus principais méritos está a ampliação dos direitos e das garantias dos indivíduos. O tema, aliás, ganhou importância geográfica no texto da Magna Carta, uma vez que, diferentemente das Constituições anteriores, logo em seus primeiros artigos trata dos Direitos e Garantias Fundamentais dos Indivíduos (Título II).

A conjugação desses fatores, bem como o período histórico que estava sendo abandonado, trouxe ainda mais relevância para o princípio da inafastabilidade da jurisdição, insculpido no inciso XXXV do art. 5º.

Nesse mesmo sentido, diversas outras iniciativas passaram a ser tomadas com a intenção de facilitar o acesso dos cidadãos ao Poder Judiciário, como a instituição de Defensorias Públicas em todos os estados, a criação do Código de Defesa do Consumidor, a instituição dos Juizados Especiais, entre outras.

Contudo, embora o acesso à justiça tenha sido ampliado significativamente, a estrutura do Poder Judiciário não cresceu de modo equivalente. Em razão disso, hoje vivemos uma verdadeira crise de jurisdição, visto que, não raro, as ações judiciais demoram anos para serem julgadas, o que é um flagrante atentado contra os princípios da celeridade e da economicidade. Some-se a isso a grande insatisfação da população com as decisões judiciais, que muitas vezes não conseguem analisar com clareza as peculiaridades dos casos concretos.

Nesse cenário tumultuado, juristas e estudiosos começaram a enxergar potencial na aplicação de técnicas como mediação, conciliação e arbitragem, que se mostravam mais céleres, econômicas e eficientes para a resolução dos conflitos.

Ainda que esse movimento não seja novo, sua efetiva aplicação frequentemente esbarrou na cultura do litígio, que sempre foi muito incentivada na maior parte dos cursos de Direito, mas que hoje não se sustenta.

Os métodos consensuais de solução de conflitos já comprovaram sua eficácia para a solução de inúmeros problemas jurídicos, por meio da aplicação de diversas técnicas multidisciplinares que envolvem o direito, a psicologia, a sociologia, a negociação, entre outras áreas.

Nesse contexto, é indispensável o estudo das competências do mediador e do conciliador para todos aqueles que buscam o desenvolvimento profissional para atuar na solução de conflitos judiciais ou extrajudiciais.

E é aqui que está o maior mérito da presente obra: ela conduz o leitor, de maneira clara e objetiva, ao alcance do completo entendimento sobre o tema da conciliação e da mediação. Já no primeiro capítulo, são explicados os métodos adequados de solução de conflitos. Não ignorando o método tradicional, a autora nos apresenta diversos outros, contemplando a explicação de conceitos como heterocomposição, justiça restaurativa e constelações.

No capítulo seguinte, cuida-se da Política Judiciária Nacional para a adequada solução de conflitos, a partir de uma retrospectiva histórica, o que é essencial para a formação de uma base sólida para a compreensão do tema.

No terceiro capítulo, são analisadas a mediação e a conciliação, ressaltando-se características importantes, bem como a aplicabilidade do tema nas mais diversas relações jurídicas, como no caso do direito administrativo, ambiental e penal. Assim, a obra abandona a obviedade da aplicação apenas no direito civil.

O capítulo subsequente é dedicado ao entendimento dos princípios e das regras que norteiam a atuação de mediadores e conciliadores. Embora esses pontos às vezes pareçam irrelevantes para os estudantes, na vida prática são ferramentas essenciais à aplicação das técnicas.

No quinto e no sexto capítulo, a autora trata de modo magistral das técnicas de negociação e de comunicação, que são os pontos essenciais de conhecimento para todos aqueles que pretendem atuar na área, pois são questões práticas, que serão o diferencial entre a solução ou não de um conflito. Além disso, essas questões dão um fechamento bastante surpreendente à obra, considerando-se que, em geral, não são tratados nem em cursos, nem em doutrinas.

Por fim, seria injusto não exaltar as qualificações da autora, que se dedicou profundamente à elaboração desta obra. A professora Daniele sempre foi uma entusiasta dos meios consensuais de solução de conflitos, tanto em sua atuação como advogada quanto em sua atuação como professora universitária.

Ademais, seu compromisso com a acessibilidade do conhecimento está devidamente explanado neste livro, que descreve, de maneira didática e acessível, um instituto que tem potencial para solucionar conflitos com verdadeira eficiência e que tende a crescer expressivamente nos próximos anos.

Jennifer Manfrin dos Santos
Advogada especialista em Direito Civil e professora do Centro Universitário Internacional Uninter
(contato: je_manfrin@gmail.com)

Esta obra foi elaborada com o objetivo de auxiliar a capacitação de mediadores e conciliadores, com atuação tanto no âmbito judicial quanto no extrajudicial. Tendo em vista essa capacitação, é necessário, primeiramente, entender o que é um conflito, como ele ocorre e quais são seus aspectos negativos e positivos – sim, existem aspectos positivos em um conflito! Em seguida, é preciso verificar quais são os métodos de solução de conflitos existentes no Brasil: autotutela, heterocomposição (na qual se encontram a arbitragem e a jurisdição) e autocomposição, que é nosso foco aqui. Além da mediação e da conciliação, analisaremos outros métodos, chamados de *adequados*, para a solução de conflitos: a negociação, a justiça restaurativa e as constelações. É fundamental que os mediadores e conciliadores tenham, ao menos, um conhecimento geral de todos os métodos para ampliar seu repertório.

Com relação à mediação e à conciliação, os mediadores devem obter um conhecimento profundo e específico, motivo pelo qual dedicamos um capítulo inteiro ao seu estudo, apresentando as escolas de mediação, as possibilidades de utilização

apresentação

de tais procedimentos, tanto na esfera extrajudicial quanto na judicial, bem como suas etapas.

Veremos que a tendência da sociedade brasileira é a de submeter a maior parte de seus conflitos ao Poder Judiciário, tendo criado a chamada *cultura do litígio*. Porém, existem múltiplas possibilidades disponíveis para que as pessoas solucionem seus conflitos de modo adequado, o que caracteriza o denominado *sistema multiportas*. Para entender por que a cultura do litígio se desenvolveu e, atualmente, por que buscamos mudá-la para uma cultura de pacificação, é necessário estudar como se configurou a evolução histórica dos métodos adequados de solução de conflitos na legislação brasileira e como chegamos à Política Judiciária Nacional de Tratamento Adequado dos Conflitos de Interesses – o que ocorreu em 2010, com a edição da Resolução n. 125, de 29 de novembro, do Conselho Nacional de Justiça (CNJ). Verificaremos quais são os objetivos dessa resolução, as atribuições do CNJ e dos demais órgãos por ela criados e, ainda, como acontece a formação dos mediadores e conciliadores judiciais.

Examinaremos os princípios éticos dos mediadores e conciliadores, entre os quais estão a confidencialidade, a imparcialidade e o empoderamento, assim como as respectivas regras de conduta, que incluem, por exemplo, a autonomia da vontade e a ausência de obrigação de resultado. Tais princípios e regras, além das responsabilidades e sanções aplicáveis aos mediadores e conciliadores, que também serão estudadas, encontram-se no Código de Ética de Conciliadores e Mediadores Judiciais do CNJ. Abordaremos, ainda, as recomendações do Código de Ética para Mediadores do Fórum Nacional de Mediação (Foname) e do Código de Ética para Mediadores do Conselho Nacional das Instituições de Mediação e Arbitragem (Conima), os quais estabelecem princípios, normas de conduta e boas práticas recomendadas aos mediadores.

Depois, passaremos ao estudo de técnicas de negociação e comunicação, pautadas especialmente em inteligência emocional. As competências dos mediadores e dos conciliadores são diversas e não restritas, uma vez que os métodos consensuais de solução de conflitos são interdisciplinares, envolvendo direito, psicologia, sociologia, filosofia, negociação, comunicação etc. Por isso, é preciso aprender técnicas específicas de comunicação que consideram fatores psicológicos para o desenvolvimento de habilidades de empatia e de escuta ativa, como estabelecer *rapport* e validação de sentimentos, por exemplo. Somente assim os mediadores e conciliadores serão capazes de compreender os fatores sociológicos que envolvem o conflito e identificar as necessidades ocultas nas mensagens das partes, ou seja, os interesses por trás das posições. A preparação dos mediadores e conciliadores com técnicas apoiadas no método da negociação baseada em princípios e na comunicação não violenta é imprescindível para obter composições satisfatórias e com ganhos mútuos para ambas as partes.

Empregamos nesta obra recursos que visam enriquecer seu aprendizado, facilitar a compreensão dos conteúdos e tornar a leitura mais dinâmica. Conheça a seguir cada uma dessas ferramentas e saiba como estão distribuídas no decorrer deste livro para bem aproveitá-las.

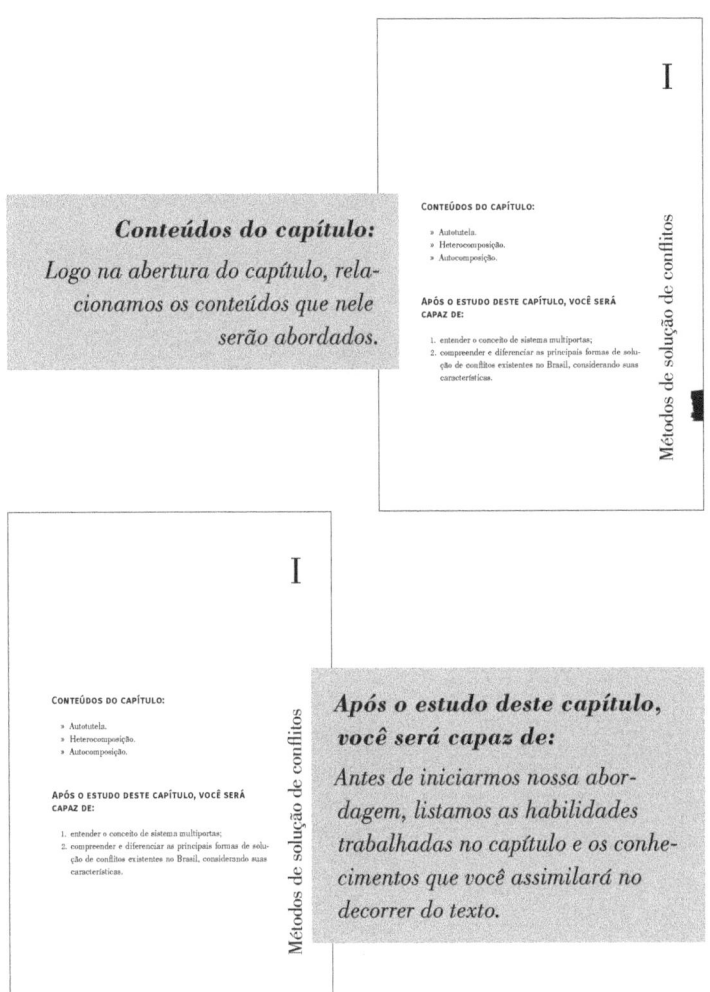

Conteúdos do capítulo:
Logo na abertura do capítulo, relacionamos os conteúdos que nele serão abordados.

Após o estudo deste capítulo, você será capaz de:
Antes de iniciarmos nossa abordagem, listamos as habilidades trabalhadas no capítulo e os conhecimentos que você assimilará no decorrer do texto.

como aproveitar ao máximo este livro

Para saber mais

Sugerimos a leitura de diferentes conteúdos digitais e impressos para que você aprofunde sua aprendizagem e siga buscando conhecimento.

Consultando a legislação

Listamos e comentamos nesta seção os documentos legais que fundamentam a área de conhecimento, o campo profissional ou os temas tratados no capítulo para você consultar a legislação e se atualizar.

Síntese

Ao final de cada capítulo, relacionamos as principais informações nele abordadas a fim de que você avalie as conclusões a que chegou, confirmando-as ou redefinindo-as.

Por fim, descrevemos como funciona a capacitação dos mediadores e conciliadores judiciais e quais são os requisitos para sua atuação.

QUESTÕES PARA REVISÃO

1) Apresente ao menos três atribuições dos Núcleos Permanentes de Métodos Consensuais de Solução de Conflitos (Nupemecs).
2) Quais são os requisitos para ser mediador e conciliador judicial?
3) De acordo com os estudos sobre a estrutura da Política Judiciária Nacional de Tratamento Adequado dos Conflitos de Interesses, é uma atribuição do Conselho Nacional de Justiça (CNJ):
   a. a organização de um programa a fim de promover ações de incentivo à autocomposição de litígios e à pacificação social por meio da conciliação e da mediação.
   b. a realização ou gestão das sessões e audiências de conciliação e mediação que estejam a cargo de conciliadores e mediadores, bem como o atendimento e a orientação ao cidadão.
   c. a instalação de Centros Judiciários de Solução de Conflitos.
   d. a criação de cadastro de mediadores e conciliadores, bem como sua manutenção.
   e. a regulamentação, se for o caso, da remuneração de conciliadores e mediadores.

> ## Questões para revisão
> Ao realizar estas atividades, você poderá rever os principais conceitos analisados. Ao final do livro, disponibilizamos as respostas às questões para a verificação de sua aprendizagem.

QUESTÕES PARA REFLEXÃO

1) Quais são os aspectos positivos que podemos extrair diante de uma situação de conflito?
2) Em sua opinião, existe um método de solução de conflitos mais adequado? Justifique sua resposta.

> ## Questões para reflexão
> Ao propormos estas questões, pretendemos estimular sua reflexão crítica sobre temas que ampliam a discussão dos conteúdos tratados no capítulo, contemplando ideias e experiências que podem ser compartilhadas com seus pares.

Quando ouvimos a palavra *conflito*, qual é a primeira ideia que nos vem à mente? Normalmente, imaginamos situações ruins, como briga, disputa, agressão, guerra, tristeza, violência, raiva, perda, processo.

Segundo o *Dicionário Michaelis On-line*, a palavra *conflito* pode significar: "1. Falta de entendimento grave ou oposição violenta entre duas ou mais partes; 2. Encontro violento entre dois ou mais corpos; choque, colisão; 3. Discussão veemente ou acalorada; altercação; 4. Encontro de coisas que se opõem ou divergem; Luta armada entre potências ou nações; guerra" (Conflito, 2023).

Em síntese, conflitos são problemas e divergências que decorrem da vida em sociedade. Trata-se de algo natural – eles existem desde os primórdios das interações humanas. Nosso próprio nascimento já é fruto de um conflito, pois, segundo a biologia, seria preferível que permanecêssemos dentro do útero a fim de manter um ambiente interno estável. Nossa tendência fisiológica, portanto, é a de resistir a mudanças.

Vamos fazer um exercício reflexivo: pense no último conflito em que você se envolveu. Agora, tente recordar quais foram

introdução

suas reações, tanto as fisiológicas (como sudorese, taquicardia, ânsia ou tontura) quanto as emocionais (como medo, raiva, irritação ou ansiedade).

É muito provável que você tenha elencado reações negativas, a exemplo das citadas. Perceber um conflito de maneira negativa desencadeia uma resposta de estresse agudo, com uma descarga no sistema nervoso simpático que libera o hormônio da adrenalina e nos impulsiona a lutar ou fugir. Essa situação é chamada de *retorno de luta ou fuga*.

Dificilmente você vai pensar em um conflito e relacioná-lo a reações ou sensações positivas, mas, caso você tenha feito essa relação, estamos em um bom caminho, pois, se não percebermos o conflito como uma ameaça, o mecanismo de luta ou fuga não será desencadeado. O que precisamos compreender é que o problema nem sempre é o problema – muitas vezes, nossa reação ao problema é que é o problema.

Como os conflitos são naturais e inerentes às nossas relações, eles não podem ser evitados, mas podem ser bem geridos e tornar-se uma alavanca de transformação social. Então, como podemos gerir um conflito de modo positivo? É o caminho dessa descoberta que trilharemos neste livro.

1

Métodos de solução de conflitos

Conteúdos do capítulo:

» Autotutela.
» Heterocomposição.
» Autocomposição.

Após o estudo deste capítulo, você será capaz de:

1. entender o conceito de sistema multiportas;
2. compreender e diferenciar as principais formas de solução de conflitos existentes no Brasil, considerando suas características.

1.1 Contextualização

O Brasil está caminhando para a criação e a adoção de um sistema jurídico de múltiplas portas. O conceito de sistema multiportas teve origem na Universidade de Harvard, a partir da concepção do professor de direito Frank Sander de um sistema jurídico com diversas opções de tratamento para os conflitos da sociedade (*Multi-Door Courthouse System*). Nesse sistema, o Poder Judiciário consiste em um centro de solução de conflitos com "múltiplas portas" disponíveis às partes e com pessoas capacitadas para direcioná-las ao procedimento que melhor atenda às suas necessidades e aos seus interesses.

Os mediadores e conciliadores têm o dever de conhecer todos os métodos de solução de conflitos existentes, justamente para saber como informar e direcionar as partes ao que for mais adequado à sua situação. Assim, faremos uma breve análise das formas de solução de conflitos existentes no Brasil. Existem três grandes "grupos" nos quais os métodos de solução de conflitos estão inseridos: a autotutela, a heterocomposição e a autocomposição.

1.2 Autotutela

A autotutela é aquilo a que popularmente nos referimos como "fazer justiça pelas próprias mãos", ou seja, resolver o conflito com as próprias forças. De acordo com o art. 345 do Código Penal, essa atitude constitui crime de exercício arbitrário das próprias razões:

> Art. 345. Fazer justiça pelas próprias mãos, para satisfazer pretensão, embora legítima, salvo quando a lei o permite:

Pena – detenção, de quinze dias a um mês, ou multa, além da pena correspondente à violência. (Brasil, 1940)

Existem raras exceções de autotutela permitidas pela lei, como é o caso do art. 1.210 do Código Civil, que se refere à reintegração de posse:

> Art. 1.210. O possuidor tem direito a ser mantido na posse em caso de turbação, restituído no de esbulho, e segurado de violência iminente, se tiver justo receio de ser molestado.
>
> § 1º O possuidor turbado, ou esbulhado, poderá manter-se ou restituir-se por sua própria força, contanto que o faça logo; os atos de defesa, ou de desforço, não podem ir além do indispensável à manutenção, ou restituição da posse. (Brasil, 2002)

1.3 Heterocomposição

A heterocomposição, por sua vez, ocorre quando a solução do conflito é dada por um terceiro. São exemplos desse caso a arbitragem e a jurisdição.

1.3.1 Arbitragem

Na arbitragem, as partes escolhem uma pessoa (árbitro) que analisará o conflito e tomará uma decisão, de modo similar à solução jurisdicional. Ela é um procedimento autônomo, no qual as partes renunciam ao Poder Judiciário e cuja decisão, inclusive, é irrecorrível, como veremos a seguir.

Chamamos de *arbitrabilidade* as questões passíveis de serem solucionadas por arbitragem. A Lei de Arbitragem – Lei

n. 9.307, de 23 de setembro de 1996 –, em seu art. 1º, determina que "As pessoas capazes de contratar [arbitrabilidade subjetiva] poderão valer-se da arbitragem para dirimir litígios relativos a direitos patrimoniais disponíveis [arbitrabilidade objetiva]" (Brasil, 1996).

Quanto à **arbitrabilidade subjetiva**, a capacidade de contratar se estende a todas as pessoas físicas maiores e capazes ou incapazes devidamente representadas, bem como às pessoas jurídicas devidamente representadas. A Lei de Arbitragem prevê, no § 1º de seu art. 1º, que "A administração pública direta e indireta poderá utilizar-se da arbitragem para dirimir conflitos relativos a direitos patrimoniais disponíveis" (Brasil, 1996), respeitando o princípio da publicidade (art. 2º, § 3º, Lei n. 9.307/1996).

A **arbitrabilidade objetiva**, por sua vez, é mais restritiva, pois somente direitos patrimoniais disponíveis podem ser objeto de arbitragem. Direitos disponíveis são aqueles de que as partes podem livremente dispor, ou seja, abrir mão. Assim, direitos patrimoniais disponíveis são, em síntese, bens que podem ser alienados ou transferidos para terceiros.

Quem pode ser árbitro? De acordo com o art. 13 da Lei de Arbitragem, "Pode ser árbitro qualquer pessoa capaz e que tenha a confiança das partes" (Brasil, 1996). Contudo, geralmente, o árbitro é especialista em determinada matéria, podendo ser um engenheiro, contador ou médico, por exemplo. Desse modo, uma das principais vantagens da arbitragem é que as partes podem obter uma decisão técnica, isto é, podem escolher um *expert* no assunto objeto do conflito.

O art. 18 da Lei de Arbitragem determina que "O árbitro é juiz de fato e de direito, e a sentença que proferir não fica sujeita a recurso ou a homologação pelo Poder Judiciário"

(Brasil, 1996). Isso significa que o árbitro é capaz de conhecer todas as questões de fato e de direito da causa que julgará. Sua função, no entanto, é temporária e atinente a casos específicos para os quais foi nomeado, diferentemente da função permanente de um juiz.

Para que as partes possam utilizar a arbitragem, elas precisam assinar uma convenção de arbitragem. É por meio desse documento que elas expressam sua vontade de renunciar ao Poder Judiciário, levando o conflito especificamente para a arbitragem. Isso pode ser feito no contrato (na cláusula de eleição de foro, por exemplo) ou posteriormente, quando o litígio surgir. É o que dispõe o art. 3º da Lei de Arbitragem:

> Art. 3º As partes interessadas podem submeter a solução de seus litígios ao juízo arbitral mediante convenção de arbitragem, assim entendida a cláusula compromissória e o compromisso arbitral. (Brasil, 1996)

Quando a convenção de arbitragem é assinada antes de o litígio acontecer, geralmente no próprio contrato, é chamada de *cláusula compromissória* (art. 4º, Lei de Arbitragem).

A cláusula compromissória pode ser cheia ou vazia. A cláusula compromissória **cheia** é aquela que contém elementos necessários para a instauração imediata da arbitragem, ou seja, deve conter ao menos a indicação da câmara de arbitragem. Já a cláusula compromissória **vazia** é aquela que apenas informa que as partes resolverão eventual conflito pela via da arbitragem.

Quando a convenção de arbitragem é assinada depois, é chamada de *compromisso arbitral* (art. 9º, Lei de Arbitragem). Diferentemente da cláusula compromissória, para firmar um compromisso arbitral, há alguns requisitos obrigatórios, dispostos no art. 10 da Lei de Arbitragem:

Art. 10. Constará, obrigatoriamente, do compromisso arbitral:

I – o nome, profissão, estado civil e domicílio das partes;

II – o nome, profissão e domicílio do árbitro, ou dos árbitros, ou, se for o caso, a identificação da entidade à qual as partes delegaram a indicação de árbitros;

III – a matéria que será objeto da arbitragem; e

IV – o lugar em que será proferida a sentença arbitral. (Brasil, 1996)

Há também a possibilidade de as partes formularem uma cláusula escalonada, que preveja, por exemplo, o uso da negociação, conciliação e/ou mediação antes da arbitragem. Assim, o conflito será levado à arbitragem somente se não for resolvido pela outra via estipulada.

A cláusula compromissória e o compromisso arbitral têm a mesma força legal; a única distinção é em relação ao momento de assinatura e, consequentemente, à instauração do processo arbitral.

Como vimos, havendo uma cláusula compromissória de arbitragem cheia ou um compromisso arbitral assinado pelas partes, é possível instaurar de imediato o processo arbitral.

Em caso de cláusula compromissória vazia, as partes definem como a arbitragem será realizada e, caso não cheguem a um acordo, devem levar a questão ao Judiciário para que este preencha essa cláusula para elas, nos termos do art. 7º da Lei de Arbitragem:

> Art. 7º Existindo cláusula compromissória e havendo resistência quanto à instituição da arbitragem, poderá a parte interessada requerer a citação da outra parte para comparecer em juízo a fim de lavrar-se o

compromisso, designando o juiz audiência especial para tal fim. (Brasil, 1996)

A instauração da arbitragem concretiza-se no momento da aceitação do encargo pelos árbitros, que têm o dever de revelar eventuais impedimentos, indicando qualquer situação que possa interferir em sua imparcialidade.

Mesmo com a instauração do processo arbitral, há a presença do sistema multiportas, consubstanciado tanto na Lei de Arbitragem quanto na Lei de Mediação:

> Art. 21. [...]
> § 4º Competirá ao árbitro ou ao tribunal arbitral, no início do procedimento, **tentar a conciliação das partes**, aplicando-se, no que couber, o art. 28 desta Lei. (Lei de Arbitragem – Brasil, 1996, grifo nosso)
>
> Art. 16. Ainda que haja processo arbitral ou judicial em curso, as partes poderão **submeter-se à mediação**, hipótese em que requererão ao juiz ou árbitro a suspensão do processo por prazo suficiente para a solução consensual do litígio. (Lei de Mediação – Brasil, 2015c, grifo nosso)

O processo arbitral deve ser desenvolvido dentro dos limites estabelecidos pela convenção de arbitragem. A arbitragem pode ser institucional, com a utilização de regulamento já existente, ou *ad hoc*, com a criação de regras especiais para o caso. Normalmente, é disponibilizado às partes um documento no qual são pormenorizadas todas as questões do litígio, chamado de *termo de arbitragem* ou *ata de missão*. Os árbitros, em conjunto com as partes, devem elaborar, ainda, um cronograma do processo, lembrando que os prazos podem ser negociados.

O processo arbitral tem algumas semelhanças com o processo judicial, pois, com a formação do tribunal arbitral, é iniciada a fase de produção de provas, e o processo deverá respeitar os princípios do contraditório e da ampla defesa, da igualdade das partes, da imparcialidade do árbitro e do livre convencimento.

Se, no processo arbitral, for necessária a efetivação de eventuais medidas de urgência ou coercitivas, o Poder Judiciário deve auxiliar (sem interferir em questões de mérito, que serão sempre decididas pelos árbitros), pois os árbitros não têm poder de coerção. O art. 22-C da Lei de Arbitragem dispõe:

> Art. 22-C. O árbitro ou o tribunal arbitral poderá expedir carta arbitral para que o órgão jurisdicional nacional pratique ou determine o cumprimento, na área de sua competência territorial, de ato solicitado pelo árbitro. (Brasil, 1996)

Depois de analisar as provas e firmar seu convencimento, o árbitro proferirá **sentença**, que deverá conter relatório, fundamentação e dispositivo, assim como uma sentença judicial e com os mesmos efeitos: força de título executivo judicial, de acordo com o art. 31 da Lei de Arbitragem e com o art. 515, inciso VII, do Código de Processo Civil.

A sentença arbitral, todavia, é irrecorrível. No processo arbitral, diferentemente do processo judicial, não existe a possibilidade de revisão do mérito. O Poder Judiciário também não poderá "revisar" ou julgar novamente a questão de mérito já decidida pela arbitragem. A única possibilidade de recurso no processo arbitral são os embargos arbitrais, utilizados para corrigir eventual erro material, obscuridade, dúvida, contradição ou omissão da sentença arbitral (art. 30, Lei de Arbitragem).

A Lei de Arbitragem prevê, ainda, algumas possibilidades em que a sentença arbitral será nula:

Art. 32. É nula a sentença arbitral se:

I – for nula a convenção de arbitragem;

II – emanou de quem não podia ser árbitro;

III – não contiver os requisitos do art. 26 desta Lei;

IV – for proferida fora dos limites da convenção de arbitragem;

VI – comprovado que foi proferida por prevaricação, concussão ou corrupção passiva;

VII – proferida fora do prazo, respeitado o disposto no art. 12, inciso III, desta Lei; e

VIII – forem desrespeitados os princípios de que trata o art. 21, § 2º, desta Lei. (Brasil, 1996)

Por fim, a sentença arbitral poderá ser executada no Poder Judiciário por meio de cumprimento de sentença, nos termos do art. 515, inciso VII, do Código de Processo Civil, seguindo o procedimento de execução de títulos executivos judiciais. Caso a sentença arbitral seja estrangeira (expedida fora do território nacional), precisará ser homologada pelo Superior Tribunal de Justiça.

1.3.2 Jurisdição

O Estado garante à sociedade a efetiva resolução de eventuais conflitos interpessoais. Tanto é assim que a Constituição Federal prevê, em seu art. 5º, incisos XXXV e LXXVIII, como direitos fundamentais o acesso à justiça e a razoável duração do processo:

Art. 5º Todos são iguais perante a lei, sem distinção de qualquer natureza, garantindo-se aos brasileiros e aos estrangeiros residentes no País a inviolabilidade do

> direito à vida, à liberdade, à igualdade, à segurança e à propriedade, nos termos seguintes:
>
> [...]
>
> XXXV – a lei não excluirá da apreciação do Poder Judiciário lesão ou ameaça a direito;
>
> [...]
>
> LXXVIII – a todos, no âmbito judicial e administrativo, são assegurados a razoável duração do processo e os meios que garantam a celeridade de sua tramitação. (Brasil, 1988)

Infelizmente, o Brasil tem uma cultura histórica de litigar. A palavra *litígio* significa "disputa", mais especificamente no sentido de "disputa judicial". De modo geral, acreditamos que todos os conflitos precisam ser submetidos ao Poder Judiciário. Isso ocorre por diversos motivos, tanto por um excesso de confiança no Estado, com vistas à segurança jurídica, quanto pela prática de "terceirizar" a solução dos problemas, justamente em razão da dificuldade de diálogo entre as pessoas que o conflito estabelece. Ouvimos muito a clássica afirmação "Vou procurar os meus direitos", até como uma forma de "ameaça" contra a outra parte. Contudo, nem sempre a solução jurisdicional é o meio mais adequado para atender às necessidades de determinada situação.

O professor Marcos Antônio Garcia Lopes Lorencini comenta sobre o mencionado excesso de confiança da sociedade no Estado:

> A forte presença e dependência que as pessoas têm do Estado na sociedade brasileira talvez explique o quanto este discurso conforta aquele que se encontra desamparado diante da ausência de solução para um impasse da vida. Em certos casos, a solução via Poder Judiciário é

a mais indicada; muitas vezes, necessária. Mas assim como a vida em sociedade é dinâmica e existem conflitos de toda sorte, é natural que a solução dos conflitos ocorra por meio de métodos diferentes, respeitando as peculiaridades das partes, do tema em disputa e outras circunstâncias que não cabem na resposta única da solução adjudicada dada pelo Poder Judiciário. (Lorencini citado por Braga Neto et al., 2021, p. 44)

Além disso, com o passar do tempo, verificamos que o Poder Judiciário não tem capacidade para julgar a enorme quantidade de processos judiciais que lhe é demandada, e muitos deles sem a devida necessidade, o que acaba por acarretar a lentidão da justiça e, consequentemente, o descontentamento das partes. Essa situação é chamada de *crise do Poder Judiciário*.

Diante disso, o próprio Poder Judiciário defende a necessidade de utilização dos métodos alternativos de resolução de conflitos. Em recente pronunciamento na sessão plenária de 11 de março de 2021, Luís Roberto Barroso, ministro do Supremo Tribunal Federal, afirmou que "não há estrutura – cara como seja – que possa suportar um crescente aumento de demandas que poderiam ser evitadas por atuação de advogados: composição dos litígios sem ação judicial" (Ministro..., 2021).

De acordo com o relatório *Justiça em números 2022*, elaborado pelo Conselho Nacional de Justiça (CNJ), há um total de 62 milhões de processos judiciais em andamento no Brasil (CNJ, 2022). Entretanto, boa parte desses processos poderia ser resolvida extrajudicialmente.

O uso dos métodos adequados de solução de conflitos está amparado na Constituição Federal, nos objetivos fundamentais do Estado democrático de direito brasileiro:

> Nós, representantes do povo brasileiro, reunidos em Assembleia Nacional Constituinte para instituir um Estado Democrático, destinado a assegurar o exercício dos direitos sociais e individuais, a liberdade, a segurança, o bem-estar, o desenvolvimento, a igualdade e a justiça como valores supremos de uma sociedade fraterna, pluralista e sem preconceitos, fundada na harmonia social e comprometida, na ordem interna e internacional, com a **solução pacífica das controvérsias**, promulgamos, sob a proteção de Deus, a seguinte Constituição da República Federativa do Brasil. (Brasil, 1988, grifo nosso)

Contudo, o acesso à justiça não precisa ser efetivado, necessariamente, por meio da jurisdição, já que existem múltiplas possibilidades, alternativas e adequadas, para solucionar os conflitos interpessoais.

1.4 Autocomposição

Por fim, a autocomposição é a forma com que as próprias partes encontram uma solução amigável para seu conflito. É aqui que entram a mediação e a conciliação, assim como outros métodos que analisaremos brevemente: negociação, justiça restaurativa e constelações.

No âmbito da autocomposição, é importante destacar a determinação do Código de Processo Civil em seu art. 3º, parágrafo 3º, segundo o qual "a conciliação, a mediação e outros métodos de solução consensual de conflitos deverão ser estimulados por juízes, advogados, defensores públicos e membros do Ministério Público, inclusive (mas não exclusivamente) no curso do processo judicial" (Brasil, 2015a).

1.4.1 Negociação

Negociar é uma habilidade comportamental, e saber negociar é a premissa básica para solucionar conflitos. Fazemos negociações o tempo todo em nosso dia a dia e, muitas vezes, sequer percebemos. Negociamos onde passaremos as férias com nossa família, onde será o encontro com nossos amigos, quem ficará responsável pela pauta da reunião no trabalho, se compraremos o produto mais barato ou de melhor qualidade no mercado, entre outros casos. Nas palavras dos professores Roger Fisher, William Ury e Bruce Patton: "goste ou não, você é um negociador" (Fisher; Ury; Patton, 2018, p. 17).

Fato é que o desenvolvimento de habilidades comportamentais, que chamamos de *soft skills*, é imprescindível para nos tornarmos bons negociadores. Elas são habilidades relacionadas a atitudes, comportamentos e inteligência emocional. Já as habilidades técnicas, como as que aprendemos na universidade, são denominadas *hard skills*.

Uma negociação pode ser direta, entre as próprias partes, ou assistida por um terceiro (um advogado, por exemplo), inclusive no curso de um processo judicial. As técnicas utilizadas por negociadores podem ser aplicadas nos mais diversos métodos de resolução de conflitos, porque todos eles começam com um primeiro passo: escutar o que o outro tem a dizer, seja a própria parte, seja o conciliador, o mediador, o árbitro ou o juiz. O próprio Código de Processo Civil, em seu art. 166, parágrafo 3º, indica a "aplicação de técnicas negociais, com o objetivo de proporcionar ambiente favorável à autocomposição" (Brasil, 2015a).

A negociação é, portanto, uma das principais competências a serem desenvolvidas pelos mediadores e conciliadores, motivo pelo qual dedicamos o Capítulo 5 deste livro integralmente ao estudo de suas técnicas.

1.4.2 Justiça restaurativa

A justiça restaurativa propõe métodos não violentos de lidar com a violência. Segundo Tony Marshall, "Justiça Restaurativa é um processo pelo qual todas as partes envolvidas em um delito reúnem-se para resolver coletivamente como lidar com as consequências da ofensa e suas implicações para o futuro" (Marshall citado por Assumpção; Yazbek, 2014, p. 48). Ela visa tratar os iguais de forma igual e os desiguais de forma desigual, com empatia, olhando as especificidades de cada caso concreto e implementando uma cultura de paz. No entanto, não se trata apenas de um "pedido de desculpas"; é necessário que seja estabelecida uma ação concreta de reparação, que permitirá uma transformação do indivíduo e evitará eventuais reincidências pela mudança de comportamento.

Para a professora Mayta Lobo dos Santos (2020, p. 812), a justiça restaurativa é uma "forma de abordar a resolução de conflitos e evitar a violência e visa promover a cura dos envolvidos e transformar o contexto social, para que não haja reincidência".

A justiça restaurativa é muito utilizada e efetiva na resolução de conflitos criminais. Ela nasceu nas aldeias ancestrais da tribo Maori, na antiga Nova Zelândia. Essa comunidade considerava o crime danoso para as pessoas, mas também entendia como um prejuízo à comunidade a exclusão do criminoso.

Por isso, foram desenvolvidos rituais com princípios restaurativos: círculos de debate entre a comunidade, envolvendo as vítimas, os agressores, suas famílias e as autoridades da tribo.

Esses círculos traziam uma sensação de pertencimento social para toda a comunidade, especialmente para as vítimas e os agressores.

O objetivo dos rituais era que os agressores tomassem consciência do mal que haviam praticado contra a comunidade e contra si mesmos e reparassem os danos causados, gerando uma percepção de corresponsabilidade e evitando a reincidência de crimes. Assim, a tribo mantinha um convívio pacífico.

Nas palavras do advogado Caio Abrão Dagher (2020): "Conhecendo a história, temos a sensação de que essas antigas civilizações da Nova Zelândia sonhavam com uma justiça que estimulava as pessoas a olharem para si mesmas, a fim de que se reconhecessem como protagonistas, e colaboradores de uma sociedade em progresso".

A título de curiosidade, a Nova Zelândia trabalha com justiça restaurativa desde 1989 e está entre os cinco países mais pacíficos do mundo (Dagher, 2020).

Considerando-se as recomendações das Nações Unidas para fins de implantação da justiça restaurativa nos Estados-membros, em 2016 foi publicada a Resolução n. 225, de 31 de maio, do CNJ, que dispõe sobre a Política Nacional de Justiça Restaurativa no âmbito do Poder Judiciário. Em seu preâmbulo, a resolução traz importantes considerações, entre as quais destacamos as seguintes:

> CONSIDERANDO que o direito ao acesso à Justiça, previsto no art. 5º, XXXV, da Carta Magna, além da vertente formal perante os órgãos judiciários, **implica o acesso a soluções efetivas de conflitos por intermédio de uma ordem jurídica justa e compreende o uso de meios consensuais, voluntários e mais adequados a alcançar a pacificação de disputa;**

CONSIDERANDO que, diante da complexidade dos fenômenos conflito e violência, devem ser considerados, não só os aspectos relacionais individuais, mas também, os comunitários, institucionais e sociais que contribuem para seu surgimento, estabelecendo-se fluxos e procedimentos que cuidem dessas dimensões e **promovam mudanças de paradigmas, bem como, provendo-se espaços apropriados e adequados.** (CNJ, 2016, grifo nosso)

De acordo com a resolução, compete ao CNJ organizar programas com o objetivo de promover ações de incentivo à justiça restaurativa e cabe aos Tribunais de Justiça implementar e acompanhar o desenvolvimento e a execução de tais programas.

O art. 1º dessa resolução conceitua a justiça restaurativa:

Art. 1º A Justiça Restaurativa constitui-se como um conjunto ordenado e sistêmico de princípios, métodos, técnicas e atividades próprias, que visa à conscientização sobre os fatores relacionais, institucionais e sociais motivadores de conflitos e violência, e por meio do qual os conflitos que geram dano, concreto ou abstrato, são solucionados de modo estruturado [...]: (CNJ, 2016)

Assim, o termo *prática restaurativa* consiste na forma diferenciada de tratar tais situações. Segundo a resolução, são elementos essenciais à justiça restaurativa:

a) a participação dos envolvidos, das famílias e das comunidades;

b) a atenção às necessidades legítimas da vítima e do ofensor;

c) a reparação dos danos sofridos;

d) o compartilhamento de responsabilidades e obrigações entre ofensor, vítima, famílias e comunidade para superação das causas e consequências do ocorrido. (CNJ, 2016, art. 1º, § 1º, V)

A justiça restaurativa pode ocorrer de maneira alternativa ou concorrente com o processo convencional. Os juízes, o Ministério Público, a Defensoria Pública, os advogados das partes e os setores técnicos de psicologia e serviço social podem solicitar o encaminhamento de procedimentos e processos judiciais para aplicação da justiça restaurativa, assim como as autoridades policiais, ainda no âmbito do inquérito policial.

Ainda, conforme a resolução, compete ao julgador definir a decisão judicial que será aplicada quando houver o integral cumprimento de um acordo restaurativo. As implicações do procedimento restaurativo devem ser "consideradas, caso a caso, à luz do correspondente sistema processual e objetivando sempre as melhores soluções para as partes envolvidas e a comunidade" (CNJ, 2016, art. 1º, § 2º).

1.4.3 Constelações

Desenvolvida pelo professor Bert Hellinger, que foi um psicanalista e especialista em dinâmicas de grupo e terapia familiar, a metodologia de constelações consiste em uma abordagem terapêutica efetuada por meio do diálogo e da montagem de cenários fictícios. Com técnicas do psicodrama, procura-se compreender os conflitos levando em consideração as experiências dos envolvidos e de seus antepassados com o objetivo de interromper eventuais padrões de comportamento. Por exemplo, uma pessoa que sofreu abusos (físicos ou psicológicos) durante a infância pode se tornar um abusador na vida adulta, em razão dos conceitos desenvolvidos a partir daquelas práticas abusivas.

Essa metodologia tem se mostrado muito efetiva na resolução de conflitos familiares. Vejamos a explicação de Hellinger (2006, p. 15) acerca das constelações no âmbito familiar:

> Ao estabelecer uma constelação familiar, o participante escolhe outros integrantes do grupo para representar os membros de sua família, colocando-os no recinto de modo que as posições relativas de cada um reproduzam as da família verdadeira. Os representantes passam a ser modelos vivos do sistema original de relações familiares. O mais incrível é que, se a pessoa coloca a sua 'família' com toda autenticidade, os representantes passam a sentir e a pensar de modo muito parecido com o dos membros verdadeiros – sem conhecimento prévio.

Embora efetiva, a metodologia de constelações sofre diversas críticas por não contar com embasamento científico. Ademais, o método ainda não é regulamentado no Brasil, apesar de já existir o Projeto de Lei n. 9.444, de 19 de dezembro de 2017, que visa incluir a "Constelação Sistêmica como um instrumento de mediação entre particulares, a fim de assistir à solução de controvérsias" (Brasil, 2017). De qualquer forma, muitos tribunais estaduais – como os de Minas Gerais, Goiás, São Paulo, Rondônia, Bahia, Mato Grosso, Mato Grosso do Sul, Pará, Paraná, Rio Grande do Sul, Alagoas e Amapá – utilizam as constelações e verificam sucesso na resolução de conflitos.

1.4.4 Mediação e conciliação

Por fim, a mediação e a conciliação são métodos muito semelhantes. Elas podem ser empregadas extrajudicialmente, ocasião na qual o mediador ou conciliador será escolhido pelas partes, ou no curso de um processo judicial, situação em que o juiz deverá indicá-lo. O mediador ou conciliador – também denominado *terceiro facilitador* – atuará como facilitador do diálogo entre as partes – também chamadas de *interessados* –, sem qualquer poder decisório. Não nos aprofundaremos na análise dos métodos neste momento, pois o Capítulo 3 é dedicado exclusivamente ao seu estudo.

Para saber mais

Para aprofundar seus conhecimentos sobre o tema abordado neste capítulo, consulte a obra indicada a seguir.

BRAGA NETO, A. et al. **Negociação, mediação, conciliação e arbitragem**: curso de métodos adequados de solução de controvérsias. Coordenação de Carlos Alberto de Salles, Marco Antônio Garcia Lopes Lorencini e Paulo Eduardo Alves da Silva. 4. ed. Rio de Janeiro: Forense, 2021.

Consultando a legislação

BRASIL. Câmara dos Deputados. Projeto de Lei n. 9.444, de 19 de dezembro de 2017. Dispõe sobre a inclusão da Constelação Sistêmica como um instrumento de mediação entre particulares, a fim de assistir à solução de controvérsias. Disponível em: <https://www.camara.leg.br/proposicoesWeb/prop_mostrarintegra;jsessionid=node0f85hv4taz0ni1lnfm0bo70nqg5707520.node0?codteor=1635223&filename=PL+9444/2017>. Acesso em: 28 mar. 2023.

BRASIL. Constituição (1988). **Diário Oficial da União**, Brasília, 5 out. 1988. Disponível em: <https://www.planalto.gov.br/ccivil_03/constituicao/constituicao.htm>. Acesso em: 28 mar. 2023.

BRASIL. Decreto-Lei n. 2.848, de 7 de dezembro de 1940. **Diário Oficial da União**, Poder Executivo, Brasília, DF, 31 dez. 1940. Disponível em: <https://www.planalto.gov.br/ccivil_03/decreto-lei/Del2848compilado.htm>. Acesso em: 28 mar. 2023.

BRASIL. Lei n. 9.307, de 23 de setembro de 1996. **Diário Oficial da União**, Poder Legislativo, Brasília, DF, 24 set. 1996. Disponível em: <https://www.planalto.gov.br/ccivil_03/leis/l9307.htm>. Acesso em: 28 mar. 2023.

BRASIL. Lei n. 10.406, de 10 de janeiro de 2002. **Diário Oficial da União**, Poder Legislativo, Brasília, DF, 11 jan. 2002. Disponível em: <https://www.planalto.gov.br/ccivil_03/leis/2002/l10406compilada.htm>. Acesso em: 28 mar. 2023.

BRASIL. Lei n. 13.105, de 16 de março de 2015. **Diário Oficial da União**, Poder Legislativo, Brasília, DF, 17 mar. 2015. Disponível em: <https://www.planalto.gov.br/ccivil_03/_ato2015-2018/2015/lei/l13105.htm>. Acesso em: 15 mar. 2023.

BRASIL. Lei n. 13.140, de 26 de junho de 2015. **Diário Oficial da União**, Poder Legislativo, Brasília, DF, 29 jun. 2015. Disponível em: <https://www.planalto.gov.br/ccivil_03/_ato2015-2018/2015/lei/l13140.htm>. Acesso em: 28 mar. 2023.

CNJ – Conselho Nacional de Justiça. Resolução n. 225, de 31 de maio de 2016. **Diário da Justiça**, Brasília, DF, 2 jun. 2016. Disponível em: <https://atos.cnj.jus.br/atos/detalhar/2289>. Acesso em: 28 mar. 2023.

Síntese

Neste capítulo, verificamos o conceito de sistema multiportas, segundo o qual o Poder Judiciário consiste em um centro de solução de conflitos com "múltiplas portas" disponíveis às partes e com pessoas capacitadas para direcioná-las ao procedimento que melhor atenda às suas necessidades e aos seus interesses. Os conflitos podem ser resolvidos por meio da autotutela, que seria "fazer justiça pelas próprias mãos", embora existam raras exceções permitidas pela lei; da heterocomposição, quando a solução do conflito é dada por um terceiro, como ocorre na arbitragem e na jurisdição; e da autocomposição, na qual estão inseridos os métodos alternativos (também chamados de *adequados*) de solução de conflitos, entre os quais elencamos a negociação, a justiça restaurativa, as conciliações, a mediação e a conciliação.

QUESTÕES PARA REVISÃO

1) Em que consiste o chamado *sistema multiportas*?

2) Qual é a diferença entre autotutela e autocomposição?

3) Analise as afirmações a seguir e indique V para as verdadeiras e F para as falsas.
   ( ) A autotutela não é permitida na legislação brasileira.
   ( ) A heterocomposição ocorre quando a solução do conflito é dada por um terceiro, a exemplo da mediação e da conciliação.
   ( ) Na arbitragem, as partes escolhem uma pessoa (árbitro) que analisará o conflito e tomará uma decisão, de modo similar à solução jurisdicional.

   Agora, assinale a alternativa que corresponde corretamente à sequência obtida:

a. V, V, V.
b. V, V, F.
c. V, F, F.
d. F, V, V.
e. F, F, V.

4) Analise as afirmativas a seguir.

I. Não é possível utilizar a mediação e a conciliação nos processos de arbitragem.
II. A arbitragem é uma forma de solução jurisdicional.
III. A sentença arbitral é irrecorrível.

Está correto o que se afirma em:

a. I, apenas.
b. I e II, apenas.
c. II, apenas.
d. III, apenas.
e. II e III.

5) Analise as afirmativas a seguir e assinale a alternativa correta:

a. A negociação é uma das principais competências a serem desenvolvidas pelos mediadores e conciliadores.
b. A mediação e a conciliação são métodos opostos.
c. A mediação e a arbitragem são métodos semelhantes.
d. As constelações são um método regulamentado na legislação brasileira.
e. A justiça restaurativa não está regulamentada na legislação brasileira.

Questões para reflexão

1) Quais são os aspectos positivos que podemos extrair diante de uma situação de conflito?

2) Em sua opinião, existe um método de solução de conflitos mais adequado? Justifique sua resposta.

II

Política Judiciária Nacional de Tratamento Adequado dos Conflitos de Interesses

Conteúdos do capítulo:

» Evolução histórica dos métodos adequados de solução de conflitos na legislação brasileira.
» Resolução n. 125/2010 do Conselho Nacional de Justiça.
» Atribuições do Conselho Nacional de Justiça.
» Atribuições dos Núcleos Permanentes de Métodos Consensuais de Solução de Conflitos.
» Atribuições dos Centros Judiciários de Solução Consensual de Conflitos.
» Formação de conciliadores e mediadores judiciais.

Após o estudo deste capítulo, você será capaz de:

1. compreender o contexto histórico dos métodos adequados de solução de conflitos na legislação brasileira;
2. reconhecer os objetivos e a estrutura da Política Judiciária Nacional de Tratamento Adequado dos Conflitos de Interesses, instituída pela Resolução nº 125/2010 do Conselho Nacional de Justiça;

3. identificar as atribuições do Conselho Nacional de Justiça, dos Núcleos Permanentes de Métodos Consensuais de Solução de Conflitos e dos Centros Judiciários de Solução Consensual de Conflitos;
4. entender como acontece a formação de conciliadores e mediadores judiciais.

2.1 Evolução histórica dos métodos adequados de solução de conflitos na legislação brasileira*

Agora, faremos uma breve consulta à legislação, considerando desde o período imperial até a atualidade, para verificar a evolução histórica e social dos métodos adequados de solução de conflitos no Brasil.

No Brasil, a preocupação com os métodos autocompositivos existe desde 1603. As Ordenações Filipinas (Livro III, T 20, § 1º) traziam a seguinte previsão:

> E no começo da demanda dirá o Juiz a ambas as partes, que antes que façam despezas, e se sigam entre elles os ódios e dissensões, se devem concordar, e não gastar suas fazendas por seguirem suas vontades, porque o vencimento da causa he sempre duvidoso [...] (Ordenações Filipinas citadas por Rennó, 2020)

---

* Esta seção foi elaborada com base em Luchiari (2020).

Após a declaração de independência do Brasil e a promulgação da primeira Constituição, em 1824, verificamos, também, a previsão de "reconciliação" por meio dos juízes de paz:

> Art. 161. Sem se fazer constar, que se tem intentado o meio da reconciliação, não se começará Processo algum.
>
> Art. 162. Para este fim haverá juizes de Paz, os quaes serão electivos pelo mesmo tempo, e maneira, por que se elegem os Vereadores das Camaras. Suas attribuições, e Districtos serão regulados por Lei. (Brasil, 1824)

Encontramos também a previsão de conciliação obrigatória no Decreto n. 737, de 25 de novembro de 1850, que tratava do processo comercial:

> Art. 23. Nenhuma causa commercial será proposta em Juizo contencioso, sem que préviamente se tenhn tentado o meio da conciliação, ou por acto judicial, ou por comparecimento voluntario das partes. (Brasil, 1850)

De acordo com a Lei de 15 de outubro de 1827, poderiam ser juízes de paz os "que podem ser eleitores" (Brasil, 1827). Não havia, portanto, a necessidade de uma formação específica quanto à legislação ou aos métodos autocompositivos para os juízes de paz.

Por isso, os historiadores entendem que houve uma polarização de cunho político em relação à figura do juiz de paz. Para os partidos de caráter liberal, os juízes de paz romperiam o autoritarismo do Estado, por serem eleitos pelo povo, o que não seria a melhor opção para os partidos de caráter conservador. A magistrada Valeria Lagrasta (citada por Luchiari, 2020, p. 29) explica essa polarização:

> A "conciliação" e seu agente executor, que era o "juiz de paz", foram objeto de intensa disputa política entre dois

grupos políticos que se contrapunham, os liberais e os conservadores. Passaram a ser, em razão disso, muito mais instrumentos políticos do que instrumento de implementação de uma arrojada política pública de solução de conflitos de interesses.

Em seguida, depois da Proclamação da República, o Decreto n. 359, de 26 de abril de 1890, retirou a obrigatoriedade de tentativa de conciliação prévia, sob o argumento de "onerosidade do instituto nas demandas e inutilidade como elemento de composição dos litígios" (Brasil, 1890). As Constituições seguintes não trataram de conciliação ou justiça de paz.

Somente em 1973, no Código de Processo Civil, voltamos a falar sobre a necessidade de tentativa de conciliação:

> Art. 447. Quando o litígio versar sobre direitos patrimoniais de caráter privado, o juiz, de ofício, determinará o comparecimento das partes ao início da audiência de instrução e julgamento.
>
> Parágrafo único. Em causas relativas à família, terá lugar igualmente a conciliação, nos casos e para os fins em que a lei consente a transação.
>
> Art. 448. Antes de iniciar a instrução, o juiz tentará conciliar as partes. Chegando a acordo, o juiz mandará tomá-lo por termo.
>
> Art. 449. O termo de conciliação, assinado pelas partes e homologado pelo juiz, terá valor de sentença. (Brasil, 1973)

Também na década de 1970, a Lei n. 6.515, de 26 de dezembro de 1977, conhecida como *Lei do Divórcio*, determinava a promoção da reconciliação ou transação pelos juízes:

Art. 3º [...]

§ 2º O juiz deverá promover todos os meios para que as partes se reconciliem ou transijam, ouvindo pessoal e separadamente cada uma delas e, a seguir, reunindo-as em sua presença, se assim considerar necessário. (Brasil, 1977)

Contudo, os grandes avanços nos métodos autocompositivos no Brasil começaram na década de 1980, com a promulgação da Constituição Federal de 1988, que tem como princípio fundamental a solução pacífica dos conflitos. A Constituição Federal determinou, ainda, a criação de juizados especiais e da justiça de paz:

> Art. 98. A União, no Distrito Federal e nos Territórios, e os Estados criarão:
>
> I – juizados especiais, providos por juízes togados, ou togados e leigos, competentes para a conciliação, o julgamento e a execução de causas cíveis de menor complexidade e infrações penais de menor potencial ofensivo, mediante os procedimentos oral e sumaríssimo, permitidos, nas hipóteses previstas em lei, a transação e o julgamento de recursos por turmas de juízes de primeiro grau;
>
> II – justiça de paz, remunerada, composta de cidadãos eleitos pelo voto direto, universal e secreto, com mandato de quatro anos e competência para, na forma da lei, celebrar casamentos, verificar, de ofício ou em face de impugnação apresentada, o processo de habilitação e exercer atribuições conciliatórias, sem caráter jurisdicional, além de outras previstas na legislação. (Brasil, 1988)

Os processos nos Juizados Especiais são orientados pelos princípios da oralidade, simplicidade, informalidade, economia processual e celeridade, conforme determina o art. 2º da

Lei n. 9.099, de 26 de setembro de 1995. A Lei dos Juizados Especiais dispõe que se deve buscar a conciliação ou a transação sempre que possível:

> Art. 21. Aberta a sessão, o Juiz togado ou leigo esclarecerá as partes presentes sobre as vantagens da conciliação, mostrando-lhes os riscos e as conseqüências do litígio, especialmente quanto ao disposto no § 3º do art. 3º desta Lei.
>
> Art. 22. A conciliação será conduzida pelo Juiz togado ou leigo ou por conciliador sob sua orientação.
>
> Art. 24. Não obtida a conciliação, as partes poderão optar, de comum acordo, pelo juízo arbitral, na forma prevista nesta Lei. (Brasil, 1995)

O Código de Processo Civil de 1973 sofreu algumas alterações em 1994 e 1995, em seu art. 125, inciso IV, incluindo a possibilidade de o juiz, a qualquer tempo, tentar conciliar as partes, e em seu art. 277, com a determinação de audiência prévia de conciliação:

> Art. 125. O juiz dirigirá o processo conforme as disposições deste Código, competindo-lhe:
>
> IV – tentar, a qualquer tempo, conciliar as partes. (Incluído pela Lei nº 8.952, de 13.12.1994)
>
> [...]
>
> Art. 277. O juiz designará a audiência de conciliação a ser realizada no prazo de trinta dias, citando-se o réu com a antecedência mínima de dez dias e sob advertência prevista no § 2º deste artigo, determinando o comparecimento das partes. Sendo ré a Fazenda Pública, os prazos contar-se-ão em dobro. (Redação dada pela Lei nº 9.245, de 26.12.1995). (Brasil, 1973)

Na esfera criminal, a Lei dos Juizados Especiais também prevê as possibilidades de composição dos danos civis, transação penal e suspensão condicional do processo:

> Art. 72. Na audiência preliminar, presente o representante do Ministério Público, o autor do fato e a vítima e, se possível, o responsável civil, acompanhados por seus advogados, o Juiz esclarecerá sobre a possibilidade da composição dos danos e da aceitação da proposta de aplicação imediata de pena não privativa de liberdade.
>
> [...]
>
> Art. 76. Havendo representação ou tratando-se de crime de ação penal pública incondicionada, não sendo caso de arquivamento, o Ministério Público poderá propor a aplicação imediata de pena restritiva de direitos ou multas, a ser especificada na proposta.
>
> [...]
>
> Art. 89. Nos crimes em que a pena mínima cominada for igual ou inferior a um ano, abrangidas ou não por esta Lei, o Ministério Público, ao oferecer a denúncia, poderá propor a suspensão do processo, por dois a quatro anos, desde que o acusado não esteja sendo processado ou não tenha sido condenado por outro crime, presentes os demais requisitos que autorizariam a suspensão condicional da pena (art. 77 do Código Penal). (Brasil, 1995)

Posteriormente, foi instituída a Lei da Arbitragem (Lei n. 9.307/1996), a Lei dos Juizados Especiais Federais (Lei n. 10.259/2001) e a Lei dos Juizados Especiais da Fazenda Pública (Lei n. 12.153/2009).

Em 2002, o Projeto de Lei Consensuado n. 94, que previa modalidades de mediação, ficou paralisado no Congresso Nacional. As modalidades previstas eram a prévia, antes do ajuizamento da ação, e a incidental, que seria obrigatória no processo.

Tendo em vista a preocupação com a crise do Poder Judiciário e a necessidade de conscientização da sociedade, em 2010 o Conselho Nacional de Justiça (CNJ) finalmente criou uma política pública de tratamento adequado dos conflitos de interesses. Assim, por meio da Resolução n. 125, de 29 de novembro de 2010, foi instituída a Política Judiciária Nacional de Tratamento dos Conflitos de Interesses:

> Art. 1º Fica instituída a Política Judiciária Nacional de tratamento dos conflitos de interesses, **tendente a assegurar a todos o direito à solução dos conflitos por meios adequados à sua natureza e peculiaridade.**
>
> Parágrafo único. Aos órgãos judiciários incumbe oferecer mecanismos de soluções de controvérsias, em especial os chamados meios consensuais, como a mediação e a conciliação, bem assim prestar atendimento e orientação ao cidadão. Nas hipóteses em que este atendimento de cidadania não for imediatamente implantado, esses serviços devem ser gradativamente ofertados no prazo de 12 (doze) meses. (CNJ, 2010, grifo nosso)

Posteriormente, em 2015, a Lei de Arbitragem foi reformada pela Lei n. 13.129/2015 e foram publicados a Lei de Mediação (n. 13.140/2015) e o Novo Código de Processo Civil (Lei n. 13.105/2015). Este último passou a priorizar a composição amigável, dispondo como normas fundamentais que:

> Art. 3º Não se excluirá da apreciação jurisdicional ameaça ou lesão a direito.
>
> § 1º É permitida a arbitragem, na forma da lei.
>
> **§ 2º O Estado promoverá, sempre que possível, a solução consensual dos conflitos.**

§ 3º **A conciliação, a mediação e outros métodos de solução consensual de conflitos deverão ser estimulados** por juízes, advogados, defensores públicos e membros do Ministério Público, inclusive no curso do processo judicial. (Brasil, 2015a, grifo nosso)

Por fim, o Novo Código de Processo Civil, que enquadra os mediadores e conciliadores como auxiliares da justiça, instituiu, ainda, a obrigatoriedade de designação de audiência de conciliação ou mediação no início do processo:

> Art. 165. Os tribunais criarão centros judiciários de solução consensual de conflitos, responsáveis pela realização de sessões e audiências de conciliação e mediação e pelo desenvolvimento de programas destinados a auxiliar, orientar e estimular a autocomposição.
>
> [...]
>
> Art. 334. Se a petição inicial preencher os requisitos essenciais e não for o caso de improcedência liminar do pedido, o juiz designará audiência de conciliação ou de mediação com antecedência mínima de 30 (trinta) dias, devendo ser citado o réu com pelo menos 20 (vinte) dias de antecedência. (Brasil, 2015a)

Vimos que a Resolução n. 125/2010 do CNJ dispõe sobre a Política Judiciária Nacional de Tratamento Adequado dos Conflitos de Interesses no âmbito do Poder Judiciário. De acordo com seu art. 1º, tal política visa "assegurar a todos o direito à solução dos conflitos por meios adequados à sua natureza e peculiaridade" (CNJ, 2010). Vejamos, então, quais são os objetivos dessa política judiciária.

2.2 Objetivos da Resolução n. 125/2010 do Conselho Nacional de Justiça

A Resolução n. 125/2010 do CNJ foi um marco inicial na conscientização social para o tratamento adequado dos conflitos. Ela e as demais inovações legais expostas vieram retirar a ideia de que o acesso à justiça somente pode acontecer por meio da jurisdição, incentivando que os cidadãos busquem a melhor forma de resolver seus conflitos mediante negociação, conciliação, mediação, justiça restaurativa, constelação, arbitragem, jurisdição ou qualquer outra forma, adequando o Poder Judiciário brasileiro ao sistema multiportas, do qual tratamos no Capítulo 1.

Para tanto, os órgãos judiciários devem "oferecer outros mecanismos de soluções de controvérsias, em especial os chamados meios consensuais, como a mediação e a conciliação", atendendo e orientando os cidadãos (CNJ, 2010, art. 1º, parágrafo único).

A resolução determina, ainda, que as estruturas judiciárias sejam centralizadas, que sejam propiciados treinamento e formação adequados para servidores, conciliadores e mediadores e que haja um acompanhamento estatístico específico, a fim de conferir boa qualidade aos serviços e disseminar a cultura de pacificação social (CNJ, 2010, art. 2º).

Na sequência, a resolução indica que o CNJ deve auxiliar os Tribunais na organização dos serviços mencionados, "podendo ser firmadas parcerias com entidades públicas e privadas, em especial quanto à capacitação e credenciamento de mediadores e conciliadores e à realização de mediações e conciliações" (CNJ, 2010, art. 3º).

Verificaremos quais são as atribuições do CNJ, bem como dos demais órgãos criados pela Resolução n. 125/2010, para, então, analisarmos como é realizada a capacitação dos mediadores e conciliadores judiciais. É importante destacar que, embora uma capacitação específica não seja requisito de atuação para os mediadores e conciliadores extrajudiciais, as competências instituídas pela Resolução n. 125/2010 do CNJ servem também como diretrizes para o exercício das atividades desses profissionais.

2.3 Atribuições do Conselho Nacional de Justiça

Ao CNJ compete a organização de um programa com o fim de "promover ações de incentivo à autocomposição de litígios e à pacificação social por meio da conciliação e da mediação" (CNJ, 2010, art. 4º). Esse programa deve contar "com a participação de rede constituída por todos os órgãos do Poder Judiciário e por entidades públicas e privadas parceiras, inclusive universidades e instituições de ensino" (CNJ, 2010, art. 5º).

O art. 6º da Resolução n. 125/2010 do CNJ determina quais são as atribuições desse órgão para o desenvolvimento do referido programa:

a. estabelecer diretrizes a serem observadas pelos Tribunais;
b. desenvolver parâmetro curricular e ações voltadas à capacitação de servidores, mediadores, conciliadores e demais facilitadores;
c. providenciar que as atividades relacionadas aos métodos autocompositivos sejam consideradas nas promoções e remoções de magistrados pelo critério do merecimento;

d. regulamentar a atuação dos conciliadores, mediadores e demais facilitadores através de um código de ética;
e. buscar a cooperação dos órgãos e instituições públicas e privadas da área de ensino, assim como das Escolas de Magistratura, para a criação de disciplinas que propiciem o surgimento da cultura da solução pacífica dos conflitos;
f. estabelecer interlocução com a Ordem dos Advogados do Brasil, as Defensorias Públicas, as Procuradorias e o Ministério Público;
g. realizar gestão junto às empresas, públicas e privadas, bem como junto às agências reguladoras de serviços públicos, a fim de implementar práticas autocompositivas;
h. atuar junto aos entes públicos de modo a estimular a conciliação;
i. criar parâmetros de remuneração de mediadores;
j. monitorar a instalação e o adequado funcionamento dos Centros Judiciários de Solução Consensual de Conflitos.

Um ponto importante a ser destacado sobre a remuneração dos mediadores e conciliadores é que não é permitido condicionar a remuneração à obtenção de acordo, pois isso pode induzir os profissionais a forçar um acordo, o que violaria os princípios da imparcialidade e da autonomia da vontade das partes.

Por sua vez, a Resolução n. 271, de 11 de dezembro de 2018, estabelece parâmetros de remuneração para mediadores e conciliadores judiciais, mas cabe aos tribunais de cada região a respectiva regulamentação, por meio de norma própria que atenda às especificidades do local (CNJ, 2018).

2.4 Atribuições dos Núcleos Permanentes de Métodos Consensuais de Solução de Conflitos

Os Núcleos Permanentes de Métodos Consensuais de Solução de Conflitos (Nupemecs) são criados pelos Tribunais de Justiça, coordenados por magistrados e compostos por magistrados da ativa ou aposentados e servidores. As atribuições desses núcleos estão dispostas no art. 7º da Resolução n. 125/2010 do CNJ:

a. planejar, implementar, manter e aperfeiçoar as ações voltadas ao cumprimento da Política Judiciária Nacional de Tratamento Adequado dos Conflitos de Interesses e suas metas;
b. atuar na interlocução com outros tribunais e com entidades públicas e privadas parceiras;
c. instalar Centros Judiciários de Solução de Conflitos;
d. incentivar ou promover capacitação, treinamento e atualização permanente de magistrados, servidores, conciliadores e mediadores;
e. propor aos tribunais a realização de convênios e parcerias com entes públicos e privados;
f. criar e manter cadastro de mediadores e conciliadores;
g. regulamentar, se for o caso, a remuneração de conciliadores e mediadores.

Quanto à criação e à manutenção de cadastro de mediadores e conciliadores, essa também é uma disposição do Código de Ética de Conciliadores e Mediadores, da Lei de Mediação e do Código de Processo Civil:

> Art. 3º Apenas poderão exercer suas funções perante o Poder Judiciário conciliadores e mediadores devidamente capacitados e cadastrados pelos Tribunais, aos quais competirá regulamentar o processo de inclusão e exclusão no cadastro. (Código de Ética de Conciliadores e Mediadores – CNJ, 2010, Anexo III)
>
> Art. 12. Os tribunais criarão e manterão cadastros atualizados dos mediadores habilitados e autorizados a atuar em mediação judicial. (Lei de Mediação – Brasil, 2015c)
>
> Art. 167. Os conciliadores, os mediadores e as câmaras privadas de conciliação e mediação serão inscritos em cadastro nacional e em cadastro de tribunal de justiça ou de tribunal regional federal, que manterá registro de profissionais habilitados, com indicação de sua área profissional. (Código de Processo Civil – Brasil, 2015a)

Segundo o art. 8º do Código de Ética de Conciliadores e Mediadores, esse cadastro é necessário, pois os mediadores e conciliadores poderão ser excluídos em caso de descumprimento dos princípios e das regras estabelecidos no referido código. Ainda, conforme previsto no Código de Processo Civil, poderão ser excluídos se agirem "com dolo ou culpa na condução da conciliação ou da mediação" ou se atuarem "em procedimento de mediação ou conciliação, apesar de impedido ou suspeito" (Brasil, 2015a, art. 173).

2.5 Atribuições dos Centros Judiciários de Solução Consensual de Conflitos

Originalmente denominados Centros Judiciários de Solução de Conflitos e Cidadania pela Resolução n. 125/2010 do CNJ, esses centros tiveram sua nomenclatura modificada no Código de Processo Civil e na Lei de Mediação e hoje são chamados apenas de Centros Judiciários de Solução Consensual de Conflitos (Cejuscs), porém sua estrutura e seu funcionamento permanecem os mesmos.

De acordo com o art. 8º da Resolução n. 125/2010 do CNJ, os Cejuscs devem ser criados pelos tribunais e são "responsáveis pela realização ou gestão das sessões e audiências de conciliação e mediação que estejam a cargo de conciliadores e mediadores, bem como pelo atendimento e orientação ao cidadão" (CNJ, 2010).

Os Cejuscs devem contar com um juiz coordenador e, se necessário, com um adjunto, os quais administram o centro, homologam os acordos firmados e supervisionam o serviço de conciliadores e mediadores, como prevê o art. 9º da Resolução n. 125/2010 do CNJ.

Os Cejuscs têm três setores: pré-processual, processual e de cidadania, conforme disciplina o art. 10 da Resolução n. 125/2010 do CNJ. Os setores pré-processual e processual são responsáveis pelas mediações e conciliações, ao passo que o setor de cidadania presta serviços de informação e orientação jurídica, emissão de documentos, psicologia e assistência social.

2.6 Formação de conciliadores e mediadores judiciais

É importante compreender como funciona a formação dos conciliadores e mediadores judiciais, que são os profissionais que atuam nos Centros Judiciários de Solução de Conflitos dos Tribunais de Justiça.

Anteriormente, destacamos que, para atuar como conciliador e/ou mediador extrajudicial, basta ser juridicamente capaz, obter a confiança das partes e ser capacitado, não havendo um requisito específico de capacitação (art. 9º, Lei de Mediação).

Já os mediadores judiciais devem ser juridicamente capazes, graduados há pelo menos dois anos em curso de ensino superior de instituição reconhecida pelo Ministério da Educação e ter "obtido capacitação em escola ou instituição de formação de mediadores, reconhecida pela Escola Nacional de Formação e Aperfeiçoamento de Magistrados – ENFAM ou pelos tribunais, observados os requisitos mínimos estabelecidos pelo Conselho Nacional de Justiça em conjunto com o Ministério da Justiça" (Brasil, 2015c, art. 11).

Os conciliadores judiciais, por sua vez, não necessitam cumprir o requisito de graduação há pelo menos dois anos em curso de ensino superior, mas também devem passar por uma capacitação específica estabelecida pelo CNJ. O principal requisito para ser um conciliador ou mediador judicial é, portanto, a capacitação técnica, conforme prevê o Anexo I da Resolução n. 125/2010 do CNJ.

Esse anexo estabelece o conteúdo programático do curso de capacitação básica dos terceiros facilitadores (conciliadores e mediadores), que é dividido em duas etapas (teórica e prática).

O módulo teórico deve, necessariamente, abordar: um panorama histórico dos métodos consensuais de solução de conflitos na legislação brasileira; os objetivos e a estruturação da Política Judiciária Nacional de Tratamento Adequado de Conflitos; as teorias da comunicação e dos jogos; a teoria do conflito; as técnicas de negociação, conciliação e mediação, suas etapas e áreas de utilização; os papéis do conciliador e do mediador e sua relação com os envolvidos; e a ética e os limites de atuação dos conciliadores e mediadores (CNJ, 2010).

No módulo prático, os alunos atuam como observadores, coconciliadores ou comediadores e conciliadores ou mediadores, acompanhados por um supervisor, a fim de aplicar o que aprenderam no módulo teórico. Ao final de cada sessão, é necessário apresentar um relatório com sua impressão sobre a sessão, a identificação das técnicas utilizadas e a descrição do que foi possível aprender.

Serão habilitados a atuar como mediadores ou conciliadores perante o Poder Judiciário somente aqueles alunos que concluírem ambos os módulos. A formação, contudo, não termina ao final desse curso, pois todos os conciliadores e mediadores têm o dever de se aperfeiçoar continuamente, o que está previsto no art. 12, parágrafo 2º, da Resolução n. 125/2010 do CNJ e também no Código de Ética de Conciliadores e Mediadores Judiciais, evidenciando o princípio da competência: "dever de possuir qualificação que o habilite à atuação judicial, com capacitação na forma desta Resolução, observada a reciclagem periódica obrigatória para formação continuada" (CNJ, 2010, Anexo III, art. 1º, III).

Por fim, uma informação importante é que o tempo de serviço de atuação como conciliador ou mediador judicial pode ser considerado como título para concurso público, a depender das regras do edital.

Para saber mais

Consulte a obra a seguir indicada e conheça mais sobre o tema deste capítulo.
WATANABE, K. **Acesso à ordem jurídica justa (conceito atualizado de acesso à justiça)**: processos coletivos e outros estudos. Belo Horizonte: Del Rey, 2019.

Consultando a legislação

BRASIL. Constituição (1988). **Diário Oficial da União**, Brasília, 5 out. 1988. Disponível em: <https://www.planalto.gov.br/ccivil_03/constituicao/constituicao.htm>. Acesso em: 28 mar. 2023.

BRASIL. Lei n. 9.099, de 26 de setembro de 1995. **Diário Oficial da União**, Poder Legislativo, Brasília, DF, 27 set. 1995. Disponível em: <https://www.planalto.gov.br/ccivil_03/leis/l9099.htm>. Acesso em: 28 mar. 2023.

BRASIL. Lei n. 9.307, de 23 de setembro de 1996. **Diário Oficial da União**, Poder Legislativo, Brasília, DF, 24 set. 1996. Disponível em: <https://www.planalto.gov.br/ccivil_03/leis/l9307.htm>. Acesso em: 28 mar. 2023.

BRASIL. Lei n. 10.259, de 12 de julho de 2001. **Diário Oficial da União**, Poder Executivo, Brasília, DF, 13 jul. 2001. Disponível em: <https://www.planalto.gov.br/ccivil_03/leis/leis_2001/l10259.htm>. Acesso em: 28 mar. 2023.

BRASIL. Lei n. 12.153, de 22 de dezembro de 2009. **Diário Oficial da União**, Poder Legislativo, Brasília, DF, 23 dez. 2009. Disponível em: <https://www.planalto.gov.br/ccivil_03/_ato2007-2010/2009/lei/l12153.htm>. Acesso em: 28 mar. 2023.

BRASIL. Lei n. 13.105, de 16 de março de 2015. **Diário Oficial da União**, Poder Legislativo, Brasília, DF, 17 mar. 2015. Disponível em: <https://www.planalto.gov.br/ccivil_03/_ato2015-2018/2015/lei/l13105.htm>. Acesso em: 15 mar. 2023.

BRASIL. Lei n. 13.140, de 26 de junho de 2015. **Diário Oficial da União**, Poder Legislativo, Brasília, DF, 29 jun. 2015. Disponível em: <https://www.planalto.gov.br/ccivil_03/_ato2015-2018/2015/lei/l13140.htm>. Acesso em: 28 mar. 2023.

CNJ – Conselho Nacional de Justiça. Resolução n. 125, de 29 de novembro de 2010. **Diário da Justiça**, Brasília, DF, 1º out. 2010. Disponível em: <https://atos.cnj.jus.br/atos/detalhar/156>. Acesso em: 28 mar. 2023.

Síntese

Neste capítulo, evidenciamos que os métodos autocompositivos já eram previstos na legislação brasileira desde 1603, mas foram abandonados no decorrer do tempo e retomados, aos poucos, após a promulgação da Constituição Federal de 1988. O grande marco histórico de positivação dos métodos adequados de solução de conflitos foi a Resolução n. 125/2010 do CNJ, que organizou uma Política Judiciária Nacional de Tratamento Adequado dos Conflitos de Interesses no âmbito do Poder Judiciário, com o objetivo de promover a conscientização social e a mudança de mentalidade sobre o acesso à justiça.

Por meio da análise da resolução, verificamos quais são as principais atribuições dos órgãos que fazem parte dessa política judiciária: o Conselho Nacional de Justiça (CNJ), os Núcleos Permanentes de Métodos Consensuais de Solução de Conflitos (Nupemecs) e os Centros Judiciários de Solução Consensual de Conflitos (Cejuscs). Ressaltamos que, além da inclusão da mediação e da conciliação no Poder Judiciário, a Resolução n. 125/2010 do CNJ implementou um setor de cidadania nos Cejuscs, que presta serviços de informação e orientação jurídica, emissão de documentos, psicologia e assistência social. Por fim, descrevemos como funciona a capacitação dos mediadores e conciliadores judiciais e quais são os requisitos para sua atuação.

Questões para revisão

1) Apresente ao menos três atribuições dos Núcleos Permanentes de Métodos Consensuais de Solução de Conflitos (Nupemecs).

2) Quais são os requisitos para ser mediador e conciliador judicial?

3) De acordo com os estudos sobre a estrutura da Política Judiciária Nacional de Tratamento Adequado dos Conflitos de Interesses, é uma atribuição do Conselho Nacional de Justiça (CNJ):

   a. a organização de um programa a fim de promover ações de incentivo à autocomposição de litígios e à pacificação social por meio da conciliação e da mediação..
   b. a realização ou gestão das sessões e audiências de conciliação e mediação que estejam a cargo de conciliadores e mediadores, bem como o atendimento e a a orientação ao cidadão.
   c. a instalação de Centros Judiciários de Solução de Conflitos.
   d. a criação de cadastro de mediadores e conciliadores, bem como sua manutenção.
   e. a regulamentação, se for o caso, da remuneração de conciliadores e mediadores.

4) De acordo com os estudos sobre a estrutura da Política Judiciária Nacional de Tratamento Adequado dos Conflitos de Interesses, é uma atribuição dos Centros Judiciários de Solução Consensual de Conflitos (Cejuscs):

a. a organização de um programa a fim de promover ações de incentivo à autocomposição de litígios e à pacificação social por meio da conciliação e da mediação
b. a realização ou gestão das sessões e audiências de conciliação e mediação que estejam a cargo de conciliadores e mediadores, bem como pelo atendimento e orientação ao cidadão.
c. a instalação de Centros Judiciários de Solução de Conflitos.
d. a criação de cadastro de mediadores e conciliadores.
e. a regulamentação, se for o caso, da remuneração de conciliadores e mediadores.

5) Analise as afirmações a seguir e indique V para as verdadeiras e F para as falsas.
( ) Criar e manter um cadastro de mediadores e conciliadores é uma atribuição do Conselho Nacional de Justiça (CNJ).
( ) Os Centros Judiciários de Solução Consensual de Conflitos (Cejuscs) têm três setores: pré-processual, processual e de cidadania.
( ) O setor de cidadania dos Cejuscs presta serviços de informação e orientação jurídica.

Agora, assinale a alternativa que corresponde corretamente à sequência obtida:

a. F, F, V.
b. F, V, V.
c. F, F, F.
d. V, V, V.
e. V, F, V.

Questões para reflexão

1) Por que existe uma cultura do litígio no Brasil?

2) Faça uma pesquisa a respeito do Centro Judiciário de Solução Consensual de Conflitos (Cejusc) de sua cidade. Como ele funciona? Os métodos autocompositivos são devidamente divulgados?

III

Aspectos importantes da mediação e da conciliação

CONTEÚDOS DO CAPÍTULO:

» Semelhanças e diferenças entre a mediação e a conciliação.
» Escolas clássicas de mediação.
» Áreas de utilização da mediação e da conciliação.
» Procedimentos de mediação.
» Etapas da mediação e da conciliação.

APÓS O ESTUDO DESTE CAPÍTULO, VOCÊ SERÁ CAPAZ DE:

1. diferenciar a mediação e a conciliação e entender suas semelhanças;
2. compreender as diferentes escolas de mediação e sua importância para o trabalho de mediadores e conciliadores;
3. identificar as áreas possíveis para utilização da mediação e da conciliação;
4. diferenciar as etapas da mediação e da conciliação, bem como suas ferramentas.

3.1 Semelhanças e diferenças entre a mediação e a conciliação

Como vimos no Capítulo 1, a mediação e a conciliação são métodos muito semelhantes. Existem, contudo, três diferenças importantes: a primeira diz respeito à atuação dos terceiros facilitadores, pois, conforme a legislação e a doutrina, o conciliador pode propor soluções concretas às partes, ao passo que o mediador apenas colabora para que as próprias partes formulem um possível acordo. Os parágrafos 2º e 3º do art. 165 do Código de Processo Civil assim estabelecem:

> Art. 165. [...]
>
> § 2º O conciliador, que **atuará preferencialmente nos casos em que não houver vínculo anterior entre as partes, poderá sugerir soluções para o litígio**, sendo vedada a utilização de qualquer tipo de constrangimento ou intimidação para que as partes conciliem.
>
> § 3º O mediador, **que atuará preferencialmente nos casos em que houver vínculo anterior entre as partes, auxiliará aos interessados a compreender as questões e os interesses em conflito,** de modo que eles possam, pelo restabelecimento da comunicação, identificar, por si próprios, soluções consensuais que gerem benefícios mútuos. (Brasil, 2015a, grifo nosso)

A segunda diferença entre os métodos é relativa ao vínculo das partes, pois a conciliação é indicada para casos em que não há vínculo anterior, e a mediação é indicada para casos em que há vínculo (familiar, empresarial ou trabalhista, por exemplo) entre as partes. Essa diferenciação, porém, sofre algumas críticas por não ser funcional. Isso porque, existindo ou não vínculo anterior, o objetivo de ambos os métodos é o restabelecimento do diálogo para que se chegue a uma solução adequada.

Por fim, a terceira diferença é que a mediação é um procedimento e há uma lei específica que a regulamenta – a Lei n. 13.140, de 26 de junho de 2015. Nos termos do parágrafo único do art. 1º da Lei n. 13.140/2015, "considera-se mediação a atividade técnica exercida por terceiro imparcial sem poder decisório, que, escolhido ou aceito pelas partes, as auxilia e estimula a identificar ou desenvolver soluções consensuais para a controvérsia" (Brasil, 2015c).

No Capítulo 2, elencamos os requisitos para ser mediador e conciliador judicial. No caso dos mediadores e conciliadores extrajudiciais, não há necessidade de realização de um curso específico; basta ser indicado pelas partes e obter sua confiança, bem como ser devidamente capacitado (a forma de capacitação também pode ser escolhida pelo próprio mediador).

É importante destacar que pode ser objeto de mediação o conflito que verse sobre direitos disponíveis ou sobre direitos indisponíveis que admitam transação. Em se tratando de direitos indisponíveis, mas transigíveis, o consenso das partes deve ser homologado em juízo, exigida a oitiva do Ministério Público (art. 3º, § 2º, Lei n. 13.140/2015).

Em síntese, direitos disponíveis são aqueles de que a pessoa pode abrir mão; os indisponíveis, por sua vez, são aqueles de que ela não pode, como o direito à vida, à liberdade, à saúde etc. O que a lei quer dizer com "direitos indisponíveis, mas transigíveis" é que existem alguns direitos que são, a princípio, indisponíveis, mas podem ser mediados. Um exemplo é a mediação no direito de família para definição de guarda compartilhada: é um direito indisponível, porém ele pode ser mediado, desde que ouvido o Ministério Público. Aliás, as mediações familiares têm altas taxas de êxito e efetividade.

Essas são as principais diferenças entre os dois métodos, que, na prática, são essencialmente semelhantes, com conceitos e técnicas de aplicação similares.

É importante destacar que as partes devem ser estimuladas, mas não coagidas a mediar ou conciliar. É preciso tomar cuidado com tentativas de conciliar a todo custo, pois a mediação e a conciliação são pautadas pelo princípio da autonomia da vontade das partes. Pode acontecer, por exemplo, de as partes já terem formalizado um ou mais acordos em um mesmo processo judicial e não estarem cumprindo o acordado, agindo de má-fé. Uma mediação ou conciliação "forçada", portanto, gera resultados negativos. A professora Fernanda Tartuce (citada por Braga Neto et al., 2021, p. 224) ensina que "Conciliar implica participar ativamente da comunicação (aproximando os indivíduos), colaborar para a identificação dos interesses, ajudar a pensar em soluções criativas e estimular as partes a serem flexíveis, podendo apresentar [se necessário] sugestões para a finalização do conflito".

Antes de comparecerem a uma sessão de mediação ou conciliação, é interessante que as partes realizem um estudo das possibilidades de acordo, pautado nas técnicas de negociação que estudaremos na sequência. No início da sessão, o mediador ou conciliador explicará como funcionará o procedimento, as regras e serem seguidas e o que acontecerá após a celebração ou não do acordo. Seu papel é estimular as partes a falar sobre o conflito e, por meio de perguntas, identificar os interesses umas das outras, buscando possíveis pontos em comum, sem interferir no mérito da demanda.

3.2 Escolas clássicas de mediação

É importante conhecer as quatro principais escolas clássicas de mediação, por meio das quais seus métodos e suas possibilidades de abordagem foram desenvolvidos. Essas escolas são internacionais e cada uma delas tem perspectivas diferentes, contudo não há uma correta ou melhor do que a outra – elas se integram e se complementam. É essencial que os mediadores e conciliadores brasileiros entendam os conceitos básicos e as características de cada uma delas para adquirirem informações sobre as experiências da mediação e conciliação no mundo, com vistas à construção de um modelo nacional.

3.2.1 Escola tradicional ou de Harvard

Para a escola tradicional ou de Harvard, a mediação é um desdobramento da negociação baseada em princípios, inspirada no projeto de negociação dos professores Roger Fisher, William Ury e Bruce Patton. Os professores desenvolveram o livro *Como chegar ao sim: como negociar acordos sem fazer concessões*, no qual nos embasamos para elaborar o Capítulo 5 desta obra.

Nesse tipo de mediação, o mediador atua como facilitador do diálogo para ajudar as partes a restabelecer a comunicação, separando as pessoas do problema e identificando os reais interesses encobertos pelas posições para chegar a um acordo que possa satisfazer suas necessidades. É um tipo de mediação adequado à área empresarial.

3.2.2 Mediação circular narrativa

A mediação circular narrativa tem embasamento nas áreas de comunicação e de psicologia, sendo suas pioneiras as professoras Sara Cobb e Marinés Suares. O objetivo principal não é a obtenção de um acordo – embora ele também valorize o acordo –, mas o restabelecimento da comunicação entre as partes e a busca pela pacificação.

Segundo esse modelo, o conflito acontece em razão de um problema de narrativa, em que duas ou mais pessoas têm versões diferentes sobre uma mesma questão. É um modelo que utiliza muitas técnicas de comunicação, inclusive as da comunicação não violenta, que estudaremos no Capítulo 6, como perguntas, resumos e recontextualização. A ideia é "reorganizar" a comunicação e encontrar interesses comuns entre as partes. É um método de utilização mais ampla, pois valoriza as relações e o acordo, e tem boa aplicação no campo familiar.

3.2.3 Mediação transformadora

A mediação transformadora foi desenvolvida por Robert Baruch Bush e Joseph Folger. Esse modelo tem o mediador como um motivador da participação dos interessados, com foco na cooperação, na autonomia e no empoderamento das partes. Aqui, o objetivo não é o restabelecimento apenas da comunicação, mas do vínculo como um todo, com vistas à transformação do relacionamento entre as partes. Portanto, é um método recomendado em situações nas quais o relacionamento das partes é muito importante para elas.

3.2.4 Mediação avaliativa

Por fim, a mediação avaliativa foi proposta por Leonard Riskin e abrange um método no qual o mediador manifesta suas opiniões. Nesse método, existem duas subdivisões: a mediação facilitadora restrita, na qual o mediador pode sugerir opções de solução para o conflito, e a mediação avaliadora restrita, na qual o mediador, além de sugerir opções, apresenta uma avaliação sobre o conflito, ou seja, informa as partes sobre os possíveis resultados da demanda.

Tendo em vista que esse método envolve a preocupação com o mérito do conflito, o mediador precisa ser um profissional com conhecimento sobre a matéria discutida para poder fornecer dados e critérios de decisão às partes. Nesse ponto, vale ressaltar que a atividade de aconselhamento jurídico é privativa de advogados.

Há uma crítica quanto à classificação desse método como mediação, pois ele se assemelha muito mais à heterocomposição do que à autocomposição. Portanto, parte da doutrina sugere que seja chamado de *avaliação neutra*, *arbitragem não vinculante*, *procedimento misto* ou *procedimento híbrido*.

3.3 Áreas de utilização da mediação e da conciliação

A mediação e a conciliação podem ser utilizadas nos mais diversos tipos de conflitos, sejam aqueles que envolvem relações trabalhistas, empresariais, familiares, consumeristas, escolares, sejam aqueles que envolvem a Administração Pública, o meio ambiente e até a esfera jurídica criminal.

Segundo seu art. 42, a Lei de Mediação se aplica, no que couber, "**às outras formas consensuais de resolução de conflitos, tais como mediações comunitárias e escolares, e àquelas levadas a efeito nas serventias extrajudiciais, desde que no âmbito de suas competências**" (Brasil, 2015c). A mediação nas relações de trabalho, por sua vez, deve ser regulada por lei própria.

Analisaremos, assim, alguns aspectos de cada uma das áreas mencionadas em que podemos utilizar a mediação e a conciliação.

3.3.1 Conflitos trabalhistas

A Consolidação das Leis do Trabalho (CLT) prevê a instituição de Comissões de Conciliação Prévia nas empresas e nos sindicatos, com o fim de tentar conciliar os conflitos individuais do trabalho. Vejamos:

> Art. 625-A. As empresas e os sindicatos podem instituir Comissões de Conciliação Prévia, de composição paritária, com representante dos empregados e dos empregadores, com a atribuição de tentar conciliar os conflitos individuais do trabalho.
>
> Parágrafo único. As Comissões referidas no caput deste artigo poderão ser constituídas por grupos de empresas ou ter caráter intersindical. (Brasil, 1943)

Além disso, a CLT também prevê a possibilidade de utilização da via extrajudicial para conflitos de trabalho – embora sejam apenas os conflitos coletivos, pois os individuais ainda devem ser resolvidos na via judicial. O art. 855-B da CLT trata da homologação de acordos extrajudiciais:

Art. 855-B. O processo de homologação de acordo extrajudicial terá início por petição conjunta, sendo obrigatória a representação das partes por advogado. (Incluído pela Lei nº 13.467, de 2017) (Brasil, 1943)

A impossibilidade de submeter conflitos de trabalho individuais à mediação ou conciliação extrajudicial decorre da vulnerabilidade dos trabalhadores perante seus empregadores, motivo pelo qual a própria legislação impõe cuidados especiais a serem observados na resolução de tais conflitos.

De toda sorte, há uma preocupação com a autocomposição nas relações trabalhistas também na via judicial. Nesse sentido, o Conselho Superior da Justiça do Trabalho editou a Resolução n. 174, de 30 de setembro de 2016, que dispõe especificamente sobre a Política Judiciária Nacional de Tratamento Adequado das Disputas de Interesses no âmbito do Poder Judiciário Trabalhista (Brasil, 2016). Assim, seja na via extrajudicial, seja na judicial, a mediação e a conciliação nas relações trabalhistas se mostram muito efetivas.

3.3.2 Conflitos empresariais

Nas relações empresariais, é possível optar pela autocomposição nos próprios contratos: na cláusula de eleição de foro. Nessa situação, normalmente a mediação e a conciliação são realizadas em câmaras privadas, podendo abranger conflitos societários e comerciais, inclusive com a atuação de especialistas no assunto que envolve o conflito. A mediação e a conciliação são ótimas opções para as relações empresariais, principalmente em razão do sigilo e da possibilidade de restabelecimento da relação.

3.3.3 Conflitos familiares

A autocomposição é muito utilizada na resolução de conflitos familiares, havendo disposição específica sobre isso no Código de Processo Civil:

> Art. 694. Nas ações de família, todos os esforços serão empreendidos para a solução consensual da controvérsia, devendo o juiz dispor do auxílio de profissionais de outras áreas de conhecimento para a mediação e conciliação.
>
> Parágrafo único. A requerimento das partes, o juiz pode determinar a suspensão do processo enquanto os litigantes se submetem a mediação extrajudicial ou a atendimento multidisciplinar.
>
> [...]
>
> Art. 698. Nas ações de família, o Ministério Público somente intervirá quando houver interesse de incapaz e deverá ser ouvido previamente à homologação de acordo. (Brasil, 2015a)

Embora sejam conflitos mais sensíveis, por implicarem um vínculo afetivo muito forte, a mediação e a conciliação mostram grande efetividade nos conflitos familiares. É possível utilizá-las em questões que envolvem divórcio, partilha de bens e guarda de menores, por exemplo, cabendo observar que esta última terá a necessária atuação do Ministério Público, por referir-se a interesse de incapaz, o que, como vimos, caracteriza um direito indisponível que admite transação.

3.3.4 Conflitos consumeristas

Sabemos que o número de conflito envolvendo relações consumeristas, especialmente com bancos, empresas de telefonia, agências reguladoras e concessionárias de serviços públicos, é expressivo. Por isso, a Resolução n. 125, de 29 de novembro de 2010, do CNJ estabeleceu a conferência de um selo de qualidade para as empresas que incentivam a conciliação e a mediação, como forma de incentivo à mudança de mentalidade e da política interna de tais empresas:

> Art. 6º [...]
>
> VII – realizar gestão junto às empresas, públicas e privadas, bem como junto às agências reguladoras de serviços públicos, a fim de implementar práticas autocompositivas e desenvolver acompanhamento estatístico, com a instituição de banco de dados para visualização de resultados, conferindo selo de qualidade. (CNJ, 2010)

O Código de Defesa do Consumidor – Lei n. 8.078, de 11 de setembro de 1990 – também prioriza a autocomposição, dispondo que o Poder Público contará com a instituição de núcleos de conciliação e mediação de conflitos oriundos de superendividamento para a execução da Política Nacional das Relações de Consumo (Brasil, 1990b, art. 5º, VII). Em 2021, foi publicada a Lei do Superendividamento (Lei n. 14.181/2021), que incluiu o art. 104-A no Código de Defesa do Consumidor, o qual prevê um procedimento especial para os consumidores superendividados repactuarem suas dívidas em uma audiência de conciliação:

> Art. 104-A. A requerimento do consumidor superendividado pessoa natural, o juiz poderá instaurar processo de repactuação de dívidas, com vistas à realização de

audiência conciliatória, presidida por ele ou por conciliador credenciado no juízo, com a presença de todos os credores de dívidas previstas no art. 54-A deste Código, na qual o consumidor apresentará proposta de plano de pagamento com prazo máximo de 5 (cinco) anos, preservados o mínimo existencial, nos termos da regulamentação, e as garantias e as formas de pagamento originalmente pactuadas. (Incluído pela Lei nº 14.181, de 2021) (Brasil, 1990b)

No contexto da resolução de conflitos consumeristas, é importante destacar a possibilidade de resolução *on-line* de disputas. O art. 46 da Lei de Mediação já previa que a mediação poderia ser feita pela internet ou por outro meio de comunicação que permita a transação a distância, desde que as partes estejam de acordo. Existe, ainda, a possibilidade de utilização de métodos tecnológicos para a resolução alternativa de conflitos. De acordo com Gabriela Lima e Gustavo Feitosa (2016, p. 54), "a chamada ODR (*online dispute resolution**) consiste na utilização da tecnologia da informação e da comunicação no processo de solução de conflitos, seja na totalidade do procedimento ou somente em parte deste".

No Brasil, já existem diversas plataformas de ODR privadas, como a MOL (Mediação Online)**, que é uma plataforma de resolução de conflitos *on-line* para pessoas físicas, advogados, empresas e instituições; o Reclame Aqui***, que recebe *feedbacks* de consumidores, auxiliando também na pesquisa

---

* Resolução *on-line* de disputas.

** MOL. Disponível em: <https://www.mediacaonline.com/>. Acesso em: 28 mar. 2023.

*** RECLAME AQUI. Disponível em: <https://www.reclameaqui.com.br/>. Acesso em: 28 mar. 2023.

de reputação e no atendimento das marcas e das experiências de outros consumidores; e o Mercado Livre*, que verificou o sucesso de 98,9% de "desjudicialização" contra a empresa por meio de sua plataforma de atendimento aos consumidores.

O Mercado Livre tem como primeira iniciativa a "Compra Garantida", que é a devolução do dinheiro ao comprador em casos conflitantes, desde que cumpridos os requisitos estipulados. Caso o conflito não seja resolvido, a empresa propõe a resolução por meio de um *chat*, disponível no próprio *site*, entre o comprador e o vendedor. Caso não cheguem a um acordo, um funcionário do Mercado Livre fará a mediação do conflito, e a decisão será tomada de acordo com os fatos apresentados pelas partes. Persistindo o problema, é indicada a resolução por meio do *site* <consumidor.gov.br>, que é uma plataforma de ODR do próprio Ministério da Justiça (Freitas, 2019).

Essa plataforma, no âmbito público, foi desenvolvida pelo Banco do Brasil em parceria com o Ministério da Justiça. Trata-se de um serviço público e gratuito para a solução alternativa de conflitos de consumo pela internet. As empresas credenciadas no sistema têm 10 dias para responder às reclamações dos consumidores, e estes têm 20 dias para analisar se sua reclamação foi ou não resolvida. O *site* <consumidor.gov.br> tem uma taxa alta de êxito, o que reduz consideravelmente o ajuizamento de ações.

3.3.5 Conflitos escolares

É muito importante abordar os conflitos escolares no contexto da mediação e da conciliação, porque, se o objetivo é uma

---

* MERCADO LIVRE. Disponível em: <https://www.mercadolivre.com.br/>. Acesso em: 28 mar. 2023.

mudança de mentalidade coletiva, é necessário começar pelo ambiente escolar, onde se encontram as crianças e os adolescentes que formarão o futuro de nossa sociedade. De acordo com o Estatuto da Criança e do Adolescente,

> Art. 4º É dever da família, da comunidade, da sociedade em geral e do poder público assegurar, com absoluta prioridade, a efetivação dos direitos referentes à vida, à saúde, à alimentação, à educação, ao esporte, ao lazer, à profissionalização, à cultura, à dignidade, ao respeito, à liberdade e à convivência familiar e comunitária.
>
> Art. 5º Nenhuma criança ou adolescente será objeto de qualquer forma de negligência, discriminação, exploração, violência, crueldade e opressão, punido na forma da lei qualquer atentado, por ação ou omissão, aos seus direitos fundamentais. (Brasil, 1990a)

Nesse sentido, a mediação e a conciliação podem atuar em políticas de prevenção e resolução de conflitos de um tipo de violência frequente no ambiente escolar: o *bullying*. Esse termo vem da palavra *bully*, que significa "valentão". O *bullying* pode ser conceituado como

> Um conjunto de atitudes agressivas, intencionais e repetitivas que ocorrem sem motivação evidente, adotado por um ou mais alunos contra outro (s), causando dor, angustia e sofrimento. Insultos, intimidações, apelidos cruéis, gozações que magoam profundamente, acusações injustas, atuação de grupos que hostilizam, ridicularizam e infernizam a vida de outros alunos levando-os à exclusão, além de danos físicos, morais e materiais. (Fante, 2005, p. 28-29)

A implementação de práticas restaurativas em ambientes escolares também tem se mostrado efetiva. Os conflitos envolvendo crianças e adolescentes são delicados, e tanto as escolas quanto a sociedade como um todo têm o dever de preveni-los e geri-los adequadamente. Assim, é imprescindível que os professores adotem uma postura de mediadores, estimulando em seus alunos a utilização da comunicação não violenta, que estudaremos mais adiante, bem como a compreensão dos sentimentos e das necessidades dos colegas.

3.3.6 Conflitos envolvendo a Administração Pública

Os conflitos que envolvem a Administração Pública podem e devem ser submetidos à mediação e à conciliação, tendo em vista que o Poder Público é um dos maiores litigantes do Poder Judiciário, contando sempre com a participação da Advocacia Pública.

Logo em seu art. 1º, a Lei de Mediação já explicita a possibilidade de autocomposição de conflitos no âmbito da Administração Pública. Na sequência, destina o Capítulo II especialmente à "autocomposição de conflitos em que for parte pessoa jurídica de direito público" (Brasil, 2015c), permitindo a criação de câmaras de prevenção e resolução administrativa de conflito, nos seguintes termos:

> Art. 32. A União, os Estados, o Distrito Federal e os Municípios poderão criar câmaras de prevenção e resolução administrativa de conflitos, no âmbito dos respectivos órgãos da Advocacia Pública, onde houver, com competência para:
>
> I – dirimir conflitos entre órgãos e entidades da administração pública;
>
> II – avaliar a admissibilidade dos pedidos de resolução de conflitos, por meio de composição, no caso de

controvérsia entre particular e pessoa jurídica de direito público;

III – promover, quando couber, a celebração de termo de ajustamento de conduta.

[...]

Art. 35. As controvérsias jurídicas que envolvam a administração pública federal direta, suas autarquias e fundações poderão ser objeto de transação por adesão, com fundamento em:

I – autorização do Advogado-Geral da União, com base na jurisprudência pacífica do Supremo Tribunal Federal ou de tribunais superiores; ou

II – parecer do Advogado-Geral da União, aprovado pelo Presidente da República.

[...]

Art. 37. É facultado aos Estados, ao Distrito Federal e aos Municípios, suas autarquias e fundações públicas, bem como às empresas públicas e sociedades de economia mista federais, submeter seus litígios com órgãos ou entidades da administração pública federal à Advocacia-Geral da União, para fins de composição extrajudicial do conflito. (Brasil, 2015c)

É possível, também, que sejam criadas câmaras para a resolução de conflitos entre particulares que versem sobre atividades reguladas ou supervisionadas pelos órgãos e entidades da Administração Pública (art. 43, Lei nº 13.140/2015).

3.3.7 Conflitos ambientais

A proteção ao meio ambiente é uma preocupação constitucional, garantida pelo art. 225 da Constituição Federal:

Art. 225. Todos têm direito ao meio ambiente ecologicamente equilibrado, bem de uso comum do povo e essencial à sadia qualidade de vida, impondo-se ao Poder Público e à coletividade o dever de defendê-lo e preservá-lo para as presentes e futuras gerações. (Brasil, 1988)

De acordo com o Princípio 10 da Declaração do Rio sobre Meio Ambiente e Desenvolvimento, "A melhor maneira de tratar as questões ambientais é assegurar a participação, no nível apropriado, de todos os cidadãos interessados" (Nações Unidas, 1992). Conflitos ambientais são delicados, pois envolvem direitos transindividuais, ou seja, de natureza coletiva. Um exemplo são as invasões de áreas de preservação ambiental por população de baixa renda. Trata-se de uma situação corriqueira que acontece em todo o país e traz impasses ao Poder Judiciário, pois nem sempre é possível retirar e realocar os invasores. Nesse sentido, foi publicada a Resolução Recomendada n. 87, de 8 de dezembro de 2009, que recomenda ao Ministério das Cidades instituir uma Política Nacional de Prevenção de Mediação de Conflitos Fundiários Urbanos (Brasil, 2010). Portanto, a mediação e a conciliação podem ser efetivas também para a solução de conflitos envolvendo o meio ambiente.

3.3.8 Conflitos criminais

O Estado tem a responsabilidade de administrar a justiça, e o direito penal atua como um instrumento de controle da sociedade, definindo condutas que são ilícitas e reprováveis (como roubar e matar), de modo a minimizar os conflitos sociais e reduzir a violência.

Verificamos que os conflitos são inerentes às relações humanas; porém, eles podem gerar situações ainda mais graves, em contextos de violência. É nesse cenário que o direito penal atua, com o objetivo de trazer segurança à sociedade, protegendo os bens jurídicos mais importantes dos cidadãos, como a vida, a integridade física, a liberdade e o patrimônio. O direito penal é regido pelo princípio da intervenção mínima, ou seja, ele é a última instância, a punição mais severa a ser aplicada; portanto, atuará somente em situações de violência ou grave ameaça a tais bens jurídicos.

Na esfera cível, a viabilidade de utilização dos métodos adequados de solução de conflitos é maior, porque os conflitos são, em sua maioria, exclusivamente patrimoniais, com consequências somente para as partes envolvidas. Já na esfera criminal, como o Estado também assume o papel de vítima, nem todos os métodos podem ser aplicados. Entre os métodos adequados de solução de conflitos existentes, a mediação, a conciliação e a justiça restaurativa podem ser aplicadas na esfera criminal.

A conciliação costuma ser utilizada no juizado especial criminal em situações envolvendo crimes de menor potencial ofensivo, que são aqueles com pena máxima de 2 anos. No contexto criminal, também existe a Lei n. 12.850, de 2 de agosto de 2013, que trata dos acordos de colaboração premiada (Brasil, 2013).

Historicamente, aprendemos que uma ação violenta deve obter uma resposta violenta, conforme previsão contida em inúmeras legislações da Antiguidade, entre elas o Código de Hamurabi, do qual se extraiu a máxima "olho por olho, dente por dente": é o que chamamos de *justiça retributiva*. A ideia de aplicar a justiça restaurativa, a mediação e a conciliação no âmbito criminal consiste em propor métodos não violentos de lidar com a violência, o que não significa que o agressor não será punido (ele poderá, inclusive, ser privado de sua liberdade, se for o caso).

É importante destacar que a implementação de tais métodos autocompositivos na esfera criminal não é uma alternativa para se sobrepor ao Poder Judiciário ou para reduzir o encarceramento, mas para permitir que o tratamento de cada caso seja realizado da forma mais adequada possível.

3.3.9 Conflitos comunitários

Por fim, a mediação e a conciliação podem e devem ser utilizadas no contexto das comunidades. Um exemplo de mediação comunitária é o programa Pacificar é Divino, que acontece no Tribunal de Justiça do Paraná e foi inspirado em iniciativas similares dos Tribunais de Justiça de Goiás e do Distrito Federal.

Esse programa visa à capacitação de líderes religiosos em técnicas de mediação e conciliação, com o objetivo de promover uma cultura de pacificação. Assim, após devidamente capacitados, os líderes religiosos poderão realizar procedimentos de mediação e conciliação extrajudiciais em suas comunidades, e os acordos firmados poderão ser homologados por um juiz.

3.4 Procedimentos de mediação

A mediação pode ser extrajudicial ou judicial e será considerada instituída na data para a qual for marcada a primeira reunião (art. 17, Lei n. 13.140/2015). Em ambos os casos, a Lei de Mediação determina que, no início do procedimento, o mediador deve alertar as partes sobre as regras de confidencialidade aplicáveis. Veremos, na sequência, como deve ser feita a declaração de abertura de maneira clara e específica, para que não restem dúvidas às partes acerca do procedimento. Ainda, é possível a atuação de mais de um mediador no mesmo procedimento quando isso se mostra recomendável em razão da natureza e da complexidade do conflito (art. 15, Lei n. 13.140/2015). A seguir, vejamos as peculiaridades do procedimento de mediação extrajudicial e do procedimento judicial.

3.4.1 Procedimento de mediação extrajudicial

Segundo o art. 21 da Lei n. 13.140/2015, o procedimento extrajudicial de mediação pode ser assim realizado:

> Art. 21. O convite para iniciar o procedimento de mediação extrajudicial poderá ser feito por qualquer meio de comunicação e deverá estipular o escopo proposto para a negociação, a data e o local da primeira reunião.
>
> Parágrafo único. O convite formulado por uma parte à outra considerar-se-á rejeitado se não for respondido em até trinta dias da data de seu recebimento. (Brasil, 2015c)

A possibilidade de mediação extrajudicial em caso de eventual conflito pode ser prevista em contrato, no qual deve constar: "I – prazo mínimo e máximo para a realização da primeira reunião [...]; II – local da primeira reunião; III – critérios de escolha do mediador [...]; IV – penalidade em caso de não comparecimento da parte convidada à primeira reunião [...]" (Brasil, 2015c, art. 22). Pode haver no contrato a indicação de regulamento, publicado por instituição idônea prestadora de serviços de mediação, com critérios claros para a escolha do mediador e a realização da primeira reunião de mediação (art. 22, §1°, Lei n° 13.140/2015).

Se não houver uma previsão contratual completa, deverão ser observados os critérios legais para a realização da primeira reunião de mediação, quais sejam:

> I – prazo mínimo de dez dias úteis e prazo máximo de três meses, contados a partir do recebimento do convite;
>
> II – local adequado a uma reunião que possa envolver informações confidenciais;
>
> III – lista de cinco nomes, informações de contato e referências profissionais de mediadores capacitados; a parte convidada poderá escolher, expressamente, qualquer um dos cinco mediadores e, caso a parte convidada não se manifeste, considerar-se-á aceito o primeiro nome da lista;
>
> IV – o não comparecimento da parte convidada à primeira reunião de mediação acarretará a assunção por parte desta de cinquenta por cento das custas e honorários sucumbenciais caso venha a ser vencedora em procedimento arbitral ou judicial posterior, que envolva o escopo da mediação para a qual foi convidada.

3.4.2 Procedimento de mediação judicial

A mediação judicial é realizada pelos Centros Judiciários de Solução Consensual de Conflitos (Cejuscs). O mediador judicial será designado pelo tribunal e não está sujeito à aceitação das partes, cabendo observar que se aplicam ao mediador as mesmas hipóteses legais de impedimento e suspeição do juiz.

Quando o interessado comparecer ao Cejusc ou enviar sua pretensão por *e-mail*, o responsável colherá seu pedido e emitirá uma carta-convite à parte contrária, informando os documentos necessários, a data, a hora e o local da sessão. É recomendável que seja realizada no prazo de 30 dias.

A carta-convite poderá ser enviada por qualquer meio idôneo de comunicação (WhatsApp, correio, *e-mail* etc.). Não é necessário fazer um resumo dos fatos, como se faz em uma petição inicial, por exemplo, mas apenas anotar os dados dos interessados.

O Código de Processo Civil determina que, na petição inicial, deve constar "a opção do autor pela realização ou não de audiência de conciliação ou de mediação" (Brasil, 2015a, art. 319, VII).

Ao receber a petição inicial, o juiz deverá designar audiência de conciliação ou de mediação (art. 334, Código de Processo Civil). A audiência somente não será realizada se ambas as partes manifestarem, expressamente, desinteresse na composição ou quando não se admitir a autocomposição (art. 334, § 4º, I e II, Código de Processo Civil).

A sessão de mediação judicial pode ser feita por videoconferência, desde que as partes estejam de acordo (art. 46, Lei n. 13.140/2015, e art. 334, § 7º, Código de Processo Civil).

Na mediação judicial, as partes deverão ser assistidas por advogados ou defensores públicos, exceto se o processo for de competência do juizado especial (art. 26, Lei n. 13.140/2015).

"O procedimento de mediação judicial deverá ser concluído em até sessenta dias, contados da primeira sessão, salvo quando as partes, de comum acordo, requererem sua prorrogação" (Brasil, 2015c, art. 28).

Se houver acordo, será reduzido a termo e homologado pelo juiz, após a manifestação do Ministério Público, se for o caso. O termo final de mediação constitui título executivo extrajudicial e, quando homologado judicialmente, título executivo judicial (art. 20, parágrafo único, Lei n. 13.140/2015).

Por fim, se as partes não comparecerem à audiência de mediação ou conciliação designada sem justificativa, estarão sujeitas à aplicação de uma multa no valor de até 2% da vantagem econômica pretendida ou do valor da causa por ato atentatório à dignidade da justiça (art. 334, § 8º, Código de Processo Civil).

3.5 Etapas da mediação e da conciliação

A mediação é um procedimento flexível, portanto não tem etapas fixas. Porém, para seu estudo, é importante considerar as fases que a constituem. Assim, utilizaremos a classificação das etapas da mediação proposta pela professora Juliana Demarchi (2007), que é didática e adequada para nosso propósito aqui.

3.5.1 Pré-mediação

A pré-mediação é uma etapa preparatória e, normalmente, acontece nas mediações e/ou conciliações extrajudiciais. Os objetivos dessa fase consistem em ouvir os interessados, entender em que consiste o conflito e orientá-los sobre as possibilidades de autocomposição, obtendo sua concordância ou não para realizar o procedimento. É recomendado que essa etapa seja conduzida por um profissional diferente daquele que fará a mediação, para evitar eventual questionamento sobre sua imparcialidade.

Na pré-mediação, podem ser fixados os honorários do mediador, o número de reuniões e o local das reuniões e é assinado um compromisso de confidencialidade ou de sigilo. Na sequência, deve ser subscrito o termo de mediação e designada a primeira reunião.

3.5.2 Declaração de abertura

A primeira etapa de uma mediação é a declaração de abertura. É nesse momento que o mediador criará um ambiente de confiança e respeito mútuos com os interessados, ou seja, ele estabelecerá o *rapport*, conceito que estudaremos mais adiante. Aqui, é necessário observar a postura e a expressão corporal dos interessados, modificando sua distribuição na sala, se for o caso.

É importante iniciar com uma apresentação, esclarecendo qual é nosso papel, que não estamos lá para julgar ou impor soluções, mas para ajudar as partes a restabelecer seu diálogo e guiá-las para uma solução que atenda às suas necessidades. Devemos descrever, brevemente, como acontecerá o processo de mediação ou de conciliação, destacando nossa atuação imparcial, a confidencialidade e a voluntariedade do procedimento, que pode ser interrompido a qualquer tempo, pela vontade das partes.

Na sequência, com empatia, devemos propor que os interessados e seus advogados se apresentem, questionando como eles preferem ser chamados. É importante ressaltar que todos terão a oportunidade de falar e de ouvir, cada um a seu tempo, sendo imprescindível que ouçam um ao outro sem interrupção. Ao compreenderem o funcionamento dos trabalhos, as partes assumirão o propósito de participar e cooperar.

Também é fundamental lembrar que todos – os mediadores, as partes e os advogados – estão na mesma condição, a de solucionadores de problemas, e que seu papel é importante para o bom andamento dos trabalhos. Ao final, ficando combinado quem falará primeiro, será essencial colher o assentimento dos interessados para prosseguir, indagando se têm alguma dúvida quando ao procedimento.

Vejamos, a seguir, um exemplo (fictício) de declaração de abertura:

> Daniele: – Boa tarde! Meu nome é Daniele, eu sou mediadora e vou conduzir esta audiência. Senhor João Lucas, boa tarde! Tudo bem? Como o senhor prefere ser chamado?
>
> João Lucas: – Lucas.
>
> Daniele: – Lucas, perfeito. Dr. Márcio, o Dr. é advogado do Sr. Lucas, correto?
>
> Dr. Márcio: – Isso mesmo.
>
> Daniele: – Ok. Senhor Eduardo, boa tarde! Tudo bem com o senhor? Como o senhor gostaria de ser chamado?
>
> Eduardo: – Eu prefiro que me chame de Edu, por favor.
>
> Daniele: – Edu, certo. Dra. Liana, a Dra. é advogada do Sr. Edu, correto?
>
> Dra. Liana: – Sim.
>
> Daniele: – Perfeito. Bom, então, primeiramente, eu gostaria de explicar para vocês o meu papel aqui hoje. Eu não sou juíza, sou mediadora, portanto eu não tenho nenhum papel decisório, não tenho poder de decisão. Meu objetivo é auxiliar vocês a chegar a um denominador comum, um possível acordo, que, se for firmado, será redigido por escrito ao final da audiência. Minha atuação é imparcial, então, embora eu atue como a facilitadora do diálogo de vocês, não existe favorecimento a qualquer das partes, tudo bem? A mediação é um procedimento informal, e o que nós faremos aqui hoje é uma espécie de conversa, por meio da qual

vocês serão capazes de obter a melhor solução para o conflito que trouxeram, pois isso traz mais agilidade para a solução do conflito e é, inclusive, um dos objetivos e benefícios desse método, da mediação.

Daniele: – Nosso objetivo, meu, em conjunto com os Doutores, advogados de vocês, que são profissionais indispensáveis à administração da justiça e atuam com fins de estimular a autocomposição, é justamente chegar à melhor solução para vocês, para que os dois saiam daqui satisfeitos.

Daniele: – Alguns combinados importantes: eu vou conversar com cada um de forma individual, peço que, enquanto o Sr. Lucas estiver falando, o Sr. Edu fique em silêncio, escute com atenção e sem interrupção. Da mesma maneira, Sr. Lucas, enquanto o Sr. Edu estiver falando, peço que o Sr. Escute sem interrupção, ok? Ambos terão espaço para falar, com a mesma quantidade de tempo, e espaço para dialogar, momento em que eu peço que dialoguem com respeito. Não é necessário que um saia enquanto o outro estiver falando comigo, mas, se vocês desejarem, nós podemos, sim, fazer sessões de conversa individuais. Dr. Márcio e Dra. Liana, vocês também terão espaço para fazer suas ponderações, e tudo o que nós falarmos aqui hoje é confidencial. Então, caso o acordo não seja firmado, o que nós falamos não pode ser utilizado como prova processual, ok? Portanto, esta audiência não pode ser gravada ou registrada, ela não pode ser escrita, apenas o acordo será escrito, isso porque ele é um título executivo e, eventualmente, caso ele não seja cumprido, pode ser executado judicialmente.

Daniele: – O tempo previsto para essa audiência é de uma hora, mas nós podemos agendar outra sessão, a depender da necessidade de vocês, tudo bem? Vocês têm alguma

> ponderação a fazer, algo que queiram combinar comigo antes de nós iniciarmos? Vocês estão de acordo, têm alguma dúvida sobre o procedimento da mediação?

Por fim, se alguma informação importante deixar de constar na declaração de abertura, poderá ser mencionada durante a sessão ou audiência, uma vez que o procedimento é flexível. De qualquer forma, é fundamental fazer uma declaração de abertura completa, pois, caso o procedimento saia do controle, é possível interrompê-lo e relembrar às partes o que foi combinado no início da sessão.

3.5.3 Declarações iniciais

A segunda etapa do procedimento de mediação é a declaração dos interessados. Nesse momento, devemos deixar que cada um conte sua história, expondo suas razões, suas questões e seus sentimentos. Devemos prestar muita atenção na fala de cada um para buscar identificar suas reais necessidades, podendo, inclusive, fazer anotações.

Essa fase deve ser desenvolvida com calma, sem pressa, para que as necessidades de cada um fiquem claras para o outro antes de serem abordadas possíveis soluções, pois, somente assim, haverá maior probabilidade de acordo. Segundo Marshall Rosenberg (2021, p. 129),

> Recomendo darmos aos interlocutores ampla oportunidade de expressão antes de começar a propor soluções ou solicitar ajuda. Quando avançamos rápido demais com relação ao que as pessoas nos pedem, podemos não transmitir interesse genuíno por seus sentimentos e necessidades. Ao contrário, é capaz que as pessoas tenham a impressão de que estamos com pressa de nos livrarmos delas ou de resolver seu problema.

Quando as partes terminarem de falar, convém questionar se elas gostariam de dizer algo mais, para nos certificarmos de que sua fala chegou, de fato, ao fim e que estão satisfeitas com o que expressaram.

Nessa fase inicial, não é aconselhado ao mediador buscar conhecer muitos detalhes. É importante evitar interromper as falas dos interessados e considerar que ainda não é o momento de formular perguntas. É imprescindível estar atento ao estado emocional das partes e às suas reações. Geralmente, nas declarações iniciais, as partes ainda estão muito focadas em suas posições, aparentemente inconciliáveis, e manifestam emoções mais intensas. Por isso, deixar que elas falem e escutá-las com atenção garante sua confiança no procedimento.

3.5.4 Planejamento

Depois das declarações iniciais dos interessados, tem início a fase de planejamento da mediação. Durante as declarações iniciais, o mediador deve escutar as partes com muita atenção e anotar os pontos relevantes para elaborar um resumo de tudo o que foi falado, contando a história novamente, mas em uma versão unificada. Esse resumo não deve ser neutro, cabendo enfatizar todos os pontos positivos que foram identificados, aqueles em que ambas as partes concordaram ou têm algum tipo de interesse convergente, por menor que seja.

O resumo unificado é fundamental para que as partes possam perceber que, apesar das divergências, o problema é o mesmo, existem pontos em comum e consequentes oportunidades de solução. De acordo com o desembargador Roberto Portugal Bacellar (2012, p. 181), um incentivador da mediação, "ouvir a própria história, por meio de outra pessoa, conduz os interessados a reflexões, com a abertura do leque de opções de solução dirigida a outras perspectivas".

Ao elaborar o resumo, é importante escolher expressões utilizadas pelas partes durante suas declarações iniciais para gerar a sensação de pertencimento, tomando-se cuidado, apenas, com adjetivos negativos e julgamentos que possam acentuar o conflito e comprometer a imparcialidade do mediador.

O resumo pode ser utilizado outras vezes durante a sessão de mediação e, quando houver várias sessões, deve ser efetuado também ao final, como uma espécie de fechamento da sessão, bem como no início da próxima sessão, para que o avanço dos trabalhos se mantenha contínuo. Depois de fazer o resumo, não podemos deixar de perguntar às partes se os fatos são, realmente, aqueles que mencionamos.

Na sequência, podemos organizar uma agenda de trabalho, apresentando aos interessados um plano de atuação, com uma sugestão quanto ao número de reuniões, à duração e aos prazos de agendamento.

3.5.5 Esclarecimentos dos interesses ocultos

É nessa fase que o mediador passa a realizar perguntas e investigar o conflito de modo mais detalhado para entender as motivações e as expectativas das partes. Isso porque, agora que já expressaram as primeiras declarações e ouviram o resumo do mediador, as partes estão mais relaxadas e habituadas ao procedimento. As perguntas podem ser abertas (aquelas que permitem qualquer tipo de resposta), fechadas (aquelas com resposta única de "sim" ou "não") e/ou reflexivas (como "O que você pensa sobre isso?"), incentivando-se a todo tempo a empatia e a cooperação.

Somente com a identificação das reais necessidades das partes será possível chegar a uma composição. As técnicas de negociação e comunicação que estudaremos nos Capítulos 5 e 6 são significativas para obter um bom desempenho na fase de esclarecimentos dos interesses ocultos.

3.5.6 Negociação do acordo e encerramento

Por fim, chegamos à etapa de negociação do acordo e encerramento. Depois de ouvir as declarações das partes, fazer um resumo com ênfase nos aspectos positivos e interesses comuns identificados, planejar a mediação e investigar as verdadeiras necessidades das partes, o mediador pode auxiliá-las na construção de um acordo.

Aqui, o mediador deve estimular as partes a apresentar diversas opções de acordo, ajudando-as a pensar nas possibilidades disponíveis para atender às suas necessidades e satisfazer seus interesses, podendo, eventualmente, sugerir opções de solução.

Se for firmado um acordo, deverá ser reduzido a termo, com a participação dos advogados das partes em caso de mediação judicial. O mediador precisa se certificar de que o acordo redigido foi integralmente compreendido pelas partes. Se não for firmado um acordo, poderá ser elaborado um termo de encerramento da mediação.

Para saber mais

Aprofunde seus conhecimentos sobre a formação de instrutores com a leitura da obra a seguir indicada.

LUCHIARI, V. F. L. **Curso de formação de instrutores**: negociação, mediação e conciliação. Brasília: Enapres, 2020.

Consultando a legislação

BRASIL. Constituição (1988). **Diário Oficial da União**, Brasília, 5 out. 1988. Disponível em: <https://www.planalto.gov.br/ccivil_03/constituicao/constituicao.htm>. Acesso em: 28 mar. 2023.

BRASIL. Decreto-Lei n. 5.452, de 1º de maio de 1943. **Diário Oficial da União**, Poder Executivo, Rio de Janeiro, 9 ago. 1943. Disponível em: <https://www.planalto.gov.br/ccivil_03/decreto-lei/del5452.htm>. Acesso em: 28 mar. 2023.

BRASIL. Lei n. 8.069, de 13 de julho de 1990. **Diário Oficial da União**, Poder Legislativo, Brasília, DF, 16 jul. 1990. Disponível em: <https://www.planalto.gov.br/ccivil_03/leis/l8069.htm>. Acesso em: 28 mar. 2023.

BRASIL. Lei n. 8.078, de 11 de setembro de 1990. **Diário Oficial da União**, Poder Legislativo, Brasília, DF, 12 set. 1990. Disponível em: <https://www.planalto.gov.br/ccivil_03/leis/l8078compilado.htm>. Acesso em: 28 mar. 2023.

BRASIL. Lei n. 12.850, de 2 de agosto de 2013. **Diário Oficial da União**, Poder Legislativo, Brasília, DF, 5 ago. 2013. Disponível em: <https://www.planalto.gov.br/ccivil_03/_ato2011-2014/2013/lei/l12850.htm>. Acesso em: 28 mar. 2015.

BRASIL. Lei n. 13.105, de 16 de março de 2015. **Diário Oficial da União**, Poder Legislativo, Brasília, DF, 17 mar. 2015. Disponível em: <https://www.planalto.gov.br/ccivil_03/_ato2015-2018/2015/lei/l13105.htm>. Acesso em: 15 mar. 2023.

BRASIL. Lei n. 13.140, de 26 de junho de 2015. **Diário Oficial da União**, Poder Legislativo, Brasília, DF, 29 jun. 2015. Disponível em: <https://www.planalto.gov.br/ccivil_03/_ato2015-2018/2015/lei/l13140.htm>. Acesso em: 28 mar. 2023.

BRASIL. Ministério das Cidades. Conselho das Cidades. Resolução Recomendada n. 87, de 8 de dezembro de 2009. **Diário Oficial da União**, Brasília, DF, 25 maio 2010. Disponível em: <https://urbanismo.mppr.mp.br/arquivos/File/resolucao_87_2009_concidades.pdf>. Acesso em: 28 mar. 2023.

BRASIL. Poder Judiciário. Justiça do Trabalho. Conselho Superior da Justiça do Trabalho. Resolução CSJT n. 174, de 30 de setembro de 2016. **Diário Eletrônico da Justiça do Trabalho**, Brasília, DF, 5 out. 2016. Disponível em: <https://www.csjt.jus.br/c/document_library/get_file?uuid=235e3400-9476-47a0-8bbb-bccacf94fab4&groupId=955023>. Acesso em: 28 mar. 2023.

CNJ – Conselho Nacional de Justiça. Resolução n. 125, de 29 de novembro de 2010. **Diário da Justiça**, Brasília, DF, 1º out. 2010. Disponível em: <https://atos.cnj.jus.br/atos/detalhar/156>. Acesso em: 28 mar. 2023.

NAÇÕES UNIDAS. **Declaração do Rio sobre Meio Ambiente e Desenvolvimento**. Rio de Janeiro: Cnumad, 1992. Disponível em: <https://www.ana.gov.br/AcoesAdministrativas/RelatorioGestao/Rio10/Riomaisdez/documentos/1752-Declaracadorio.wiz>. Acesso em: 28 mar. 2023.

Síntese

Neste capítulo, analisamos as semelhanças e as diferenças entre a mediação e a conciliação. Em tese, o conciliador pode propor soluções concretas às partes, ao passo que o mediador apenas colabora para que as próprias partes formulem um possível acordo. Ainda, a conciliação é indicada para casos em que não há vínculo anterior, e a mediação é indicada para casos em que há vínculo entre as partes. Além disso, a mediação é um procedimento e tem lei específica que a regulamenta (Lei n. 13.140/2015), podendo ser objeto de mediação o conflito que verse sobre direitos disponíveis ou sobre direitos indisponíveis que admitam transação. Embora haja diferenças, os dois métodos são semelhantes em sua essência.

Também esclarecemos que, para ser mediador e conciliador extrajudicial, basta ser indicado pelas partes e obter sua confiança, bem como ser devidamente capacitado. As partes devem ser estimuladas, mas não coagidas a mediar ou conciliar e, antes de comparecer a uma sessão de mediação ou conciliação, é interessante que as partes realizem um estudo das possibilidades de acordo.

Ainda, destacamos as escolas clássicas de mediação: a escola tradicional ou de Harvard, que é mais focada no acordo em si; a mediação circular narrativa, que valoriza as relações e o acordo; a mediação transformadora, que é mais focada nas relações; e a mediação avaliativa, na qual o mediador manifesta suas opiniões, motivo pelo qual há uma crítica quanto à classificação desse método como mediação, pois ele se assemelha muito mais à heterocomposição do que à autocomposição. Identificamos que a mediação e a conciliação podem ser utilizadas na resolução de conflitos trabalhistas, empresariais, familiares, consumeristas e escolares, assim como no caso de conflitos envolvendo a Administração Pública, conflitos ambientais, conflitos criminais e conflitos comunitários.

Por fim, abordamos os procedimentos de mediação extrajudicial e judicial e as etapas da mediação e da conciliação, que não são fixas, mas importantes para nosso estudo, consistentes na pré-mediação, na declaração de abertura, nas declarações iniciais, no planejamento, nos esclarecimentos dos interesses ocultos e na negociação do acordo e encerramento.

Questões para revisão

1) Quais são as diferenças entre a mediação e a conciliação?
2) Quem pode ser mediador e conciliador extrajudicial?
3) Analise as afirmativas a seguir.

   I. Pode ser objeto de mediação o conflito que verse sobre direitos disponíveis ou sobre direitos indisponíveis que admitam transação.
   II. As partes devem ser estimuladas, mas não coagidas a mediar ou conciliar.
   III. O mediador ou conciliador deve fazer ponderações às partes acerca de sua opinião sobre o mérito da demanda.

   Está correto o que se afirma em:

   a. I, apenas.
   b. I e II, apenas.
   c. II, apenas.
   d. III, apenas.
   e. II e III.

4) A respeito das escolas clássicas de mediação, relacione a primeira coluna com a segunda.

1. Escola tradicional ou de Harvard	( ) O mediador age como um motivador da participação dos interessados.
2. Mediação circular narrativa	( ) O mediador atua como facilitador do diálogo.
3. Mediação transformadora	( ) O mediador manifesta suas opiniões.
4. Mediação avaliativa	( ) O mediador utiliza muitas técnicas de comunicação.

Agora, assinale a alternativa que corresponde corretamente à sequência obtida:

a. 2, 1, 4, 3.
b. 2, 1, 3, 4.
c. 1, 2, 4, 3.
d. 1, 2, 3, 4.
e. 3, 1, 4, 2.

5) Analise as afirmativas a seguir e assinale a alternativa **incorreta**:

a. A possibilidade de mediação extrajudicial em caso de eventual conflito pode ser prevista em contrato.
b. O mediador judicial será designado pelo tribunal, ficando sujeito à aceitação das partes.
c. A sessão de mediação judicial pode ser feita por videoconferência.
d. Na mediação judicial, as partes deverão ser assistidas por advogados ou defensores públicos, exceto se o processo for de competência do juizado especial.
e. Se as partes não comparecerem à audiência de mediação ou conciliação designada sem justificativa, estarão sujeitas à aplicação de uma multa.

QUESTÕES PARA REFLEXÃO

1) Pesquise sobre outras possíveis áreas de utilização da mediação e da conciliação além das elencadas neste capítulo, refletindo sobre a abrangência dos procedimentos.

2) Como você faria uma declaração de abertura?

IV

Princípios éticos e regras de conduta norteadoras da atuação do mediador e do conciliador

Conteúdos do capítulo:

» Princípios éticos.
» Regras de conduta.
» Recomendações de Códigos de Ética.
» Responsabilidades e sanções aplicáveis ao mediador e ao conciliador.

Após o estudo deste capítulo, você será capaz de:

1. compreender os princípios éticos e as regras de conduta dos mediadores e conciliadores, em conformidade com o Código de Ética de Conciliadores e Mediadores Judiciais do Conselho Nacional de Justiça (CNJ); o Código de Ética para Mediadores do Fórum Nacional de Mediação (Foname); e o Código de Ética para Mediadores do Conselho Nacional das Instituições de Mediação e Arbitragem (Conima);
2. entender as responsabilidades e as sanções aplicáveis ao mediador e ao conciliador.

Nossa lei suprema, que é a Constituição Federal, consigna como objetivo da República Federativa do Brasil a construção de uma sociedade livre, justa e solidária (art. 3º, I, Constituição Federal) e trata de seus princípios fundamentais, entre os quais está a solução pacífica dos conflitos, objetivo central da mediação e da conciliação. Princípios são fundamentos, direcionamentos que orientam as relações humanas e guiam a interpretação das leis.

Neste capítulo, abordaremos os princípios éticos aplicáveis à mediação e à conciliação, que estão de acordo com os princípios fundamentais da Constituição Federal e dispostos, especificamente, na Lei de Mediação, no Código de Processo Civil e nos Códigos de Ética de Conciliadores e Mediadores Judiciais do Conselho Nacional de Justiça (CNJ), do Fórum Nacional de Mediação (Foname) e do Conselho Nacional das Instituições de Mediação e Arbitragem (Conima).

Utilizamos a expressão *princípios éticos* porque as ações dos mediadores e conciliadores devem ser sempre pautadas na promoção do bem-estar social. Assim, também analisaremos as regras de conduta que esses profissionais devem seguir para concretizar tais princípios.

4.1 Princípios

De acordo com o Código de Ética de Conciliadores e Mediadores Judiciais, que foi instituído pela Resolução n. 125, de 29 de novembro de 2010, do Conselho Nacional de Justiça – CNJ (Anexo III), os princípios nele elencados formam a consciência dos terceiros facilitadores, como profissionais, e representam imperativos de sua conduta. São eles: confidencialidade, decisão informada, competência, imparcialidade, independência e autonomia, respeito à ordem pública e às leis vigentes, empoderamento e validação (art. 1º, Código de Ética de Conciliadores e Mediadores Judiciais do CNJ).

Igualmente, segundo o Código de Processo Civil, "A conciliação e a mediação são informadas pelos princípios da independência, da imparcialidade, da autonomia da vontade, da confidencialidade, da oralidade, da informalidade e da decisão informada" (Brasil, 2015a, art. 166).

Ademais, o art. 2º da Lei de Mediação – Lei n. 13.140, de 26 de junho de 2015 – também determina que esse procedimento deve ser orientado pelos seguintes princípios: imparcialidade do mediador, isonomia entre as partes, oralidade, informalidade, autonomia da vontade das partes, busca do consenso, confidencialidade e boa-fé (Brasil, 2015c).

Vejamos, então, em que consiste cada um desses princípios.

4.1.1 Princípio da confidencialidade

Trata-se de um dos princípios mais importantes porque faz com que os interessados sintam confiança no procedimento da mediação e da conciliação e na atuação do profissional. Tais procedimentos são confidenciais e nenhuma informação produzida em seu curso poderá ser utilizada para fim diverso. Assim dispõe, em seu art. 1º, inciso I, o Código de Ética de Conciliadores e Mediadores Judiciais:

> I – Confidencialidade– dever de manter sigilo sobre todas as informações obtidas na sessão, salvo autorização expressa das partes, violação à ordem pública ou às leis vigentes, não podendo ser testemunha do caso, nem atuar como advogado dos envolvidos, em qualquer hipótese. (CNJ, 2010, Anexo III)

Portanto, o mediador e o conciliador se comprometem com o dever de sigilo. A única exceção é se as partes autorizarem a quebra do sigilo ou se ocorrer, por exemplo, um crime durante o procedimento.

Os mediadores e conciliadores também não podem atuar como testemunhas em eventual processo judicial que envolva a situação que está sendo mediada, assim como prestar serviços de advocacia aos interessados.

Por isso, nas mediações e conciliações extrajudiciais, os terceiros facilitadores assinam um termo de compromisso de sigilo. Nos procedimentos judiciais, não é necessário assinar esse termo, pois os mediadores e conciliadores judiciais são obrigados a seguir todas as disposições do Código de Ética de Conciliadores e Mediadores Judiciais, do Código de Processo Civil e da Lei de Mediação.

Esse princípio é tão importante que a Lei de Mediação destina uma seção específica para ele:

Seção IV

Da Confidencialidade e suas Exceções

Art. 30. Toda e qualquer informação relativa ao procedimento de mediação será confidencial em relação a terceiros, não podendo ser revelada sequer em processo arbitral ou judicial salvo se as partes expressamente decidirem de forma diversa ou quando sua divulgação for exigida por lei ou necessária para cumprimento de acordo obtido pela mediação.

§ 1º O dever de confidencialidade aplica-se ao mediador, às partes, a seus prepostos, advogados, assessores técnicos e a outras pessoas de sua confiança que tenham, direta ou indiretamente, participado do procedimento de mediação, alcançando:

I – declaração, opinião, sugestão, promessa ou proposta formulada por uma parte à outra na busca de entendimento para o conflito;

II – reconhecimento de fato por qualquer das partes no curso do procedimento de mediação;

III – manifestação de aceitação de proposta de acordo apresentada pelo mediador;

IV – documento preparado unicamente para os fins do procedimento de mediação.

§ 2º A prova apresentada em desacordo com o disposto neste artigo não será admitida em processo arbitral ou judicial.

§ 3º Não está abrigada pela regra de confidencialidade a informação relativa à ocorrência de crime de ação pública.

§ 4º A regra da confidencialidade não afasta o dever de as pessoas discriminadas no caput prestarem informações à administração tributária após o termo final da mediação, aplicando-se aos seus servidores a obrigação de manterem sigilo das informações compartilhadas nos termos do art. 198 da Lei nº 5.172, de 25 de outubro de 1966 – Código Tributário Nacional.

Art. 31. Será confidencial a informação prestada por uma parte em sessão privada, não podendo o mediador revelá-la às demais, exceto se expressamente autorizado. (Brasil, 2015c)

Desse modo, todos os participantes do procedimento devem obedecer ao princípio da confidencialidade.

4.1.2 Princípio da decisão informada

Conforme consta no Código de Ética de Conciliadores e Mediadores Judiciais, os mediadores e conciliadores têm o "dever de manter o jurisdicionado plenamente informado quanto aos seus direitos e ao contexto fático no qual está inserido" (Brasil, 2015c, Anexo III, art. 1º, II).

Todavia, é importante consignar que os mediadores e conciliadores não podem fornecer orientação jurídica aos interessados, apenas informá-los sobre o procedimento e o contexto fático em que estão inseridos. Assim, eles devem atuar em conjunto com os advogados das partes, para que estes as mantenham informadas sobre seus direitos.

4.1.3 Princípio da competência

O Código de Ética de Conciliadores e Mediadores Judiciais determina que os mediadores e conciliadores têm o "dever de possuir qualificação que o[s] habilite à atuação judicial, com capacitação [...], observada a reciclagem periódica obrigatória para formação continuada" (Brasil, 2015c, Anexo III, art. 1º, III).

Dessa forma, os terceiros facilitadores precisam ser devidamente capacitados e experientes, mantendo a continuidade de sua formação.

4.1.4 Princípio da imparcialidade

Consoante o princípio da imparcialidade, os terceiros facilitadores não devem fornecer qualquer tratamento diverso, que caracterize favoritismo, preferência ou preconceito, a uma das partes. Além disso, é proibida a aceitação de favores ou presentes. Em seu art. 1º, IV, o Código de Ética de Conciliadores e Mediadores Judiciais prevê:

> IV – Imparcialidade – dever de agir com ausência de favoritismo, preferência ou preconceito, assegurando que valores e conceitos pessoais não interfiram no resultado do trabalho, compreendendo a realidade dos envolvidos no conflito e jamais aceitando qualquer espécie de favor ou presente. (CNJ, 2010, Anexo III)

Os profissionais também não podem comentar ou sugerir uma solução para o mérito da demanda, pois isso pode influenciar no desfecho da sessão de mediação ou conciliação.

Por fim, é imprescindível tratar as partes com igualdade, oferecendo-lhes as mesmas oportunidades, como a mesma quantidade de tempo para falar, por exemplo.

4.1.5 Princípio da independência e autonomia

O princípio da independência e autonomia assegura que todos os participantes de um procedimento de mediação ou conciliação são independentes e autônomos, ou seja, as partes devem optar pela participação ou não no procedimento, manifestando expressamente sua vontade.

Além disso, os mediadores e conciliadores não podem "forçar um acordo", porém as partes, advogados ou juízes também não podem fazer qualquer tipo de pressão ou imposição para os mediadores e conciliadores. Verificando-se esse tipo de situação, o procedimento pode ser interrompido a qualquer tempo por qualquer um dos participantes do procedimento. O terceiro facilitador também não é obrigado a redigir um termo de acordo ilegal ou inexequível. Em seu art. 1º, inciso V, o Código de Ética de Conciliadores e Mediadores Judiciais estabelece:

V – Independência e autonomia – dever de atuar com liberdade, sem sofrer qualquer pressão interna ou externa, sendo permitido recusar, suspender ou interromper a sessão se ausentes as condições necessárias para seu bom desenvolvimento, tampouco havendo dever de redigir acordo ilegal ou inexequível. (CNJ, 2010, Anexo III)

4.1.6 Princípio do respeito à ordem pública e às leis vigentes

Segundo esse princípio, os acordos firmados nos procedimentos de mediação e conciliação devem respeitar a ordem pública e as leis vigentes, sendo dever dos mediadores e conciliadores zelar por esse respeito (art. 1º, VI, Código de Ética de Conciliadores e Mediadores Judiciais).

4.1.7 Princípio do empoderamento

Nos procedimentos de mediação e conciliação, os interessados são os principais agentes de solução do conflito. Os mediadores e conciliadores atuam como facilitadores do diálogo, mas são as partes que têm o poder de gerir o próprio conflito e tomar as próprias decisões. Esse poder é chamado de *autodeterminação* e se traduz no princípio do empoderamento, segundo o qual, conforme o Código de Ética de Conciliadores e Mediadores Judiciais, os mediadores e conciliadores têm o "dever de estimular os interessados a aprenderem a melhor resolverem seus conflitos futuros em função da experiência de justiça vivenciada na autocomposição" (Brasil, 2015c, Anexo III, art. 1º, VII).

4.1.8 Princípio da validação

O princípio da validação consiste no próprio resultado da mediação, pois, de acordo com o Código de Ética de Conciliadores e Mediadores Judiciais, impõe o dever do mediador de "estimular os interessados a se perceberem reciprocamente como seres humanos merecedores de atenção e respeito" (Brasil, 2015c, Anexo III, art. 1º, VIII).

Esse princípio consolida a tarefa principal dos mediadores e conciliadores: restabelecer o diálogo entre as partes e chegar a uma solução que atenda às necessidades de ambos a partir do reconhecimento dessas necessidades, com empatia. Aprofundaremos o conceito de empatia no Capítulo 5, ao tratarmos das técnicas de negociação e comunicação, especialmente quando abordarmos a comunicação não violenta na mediação.

4.1.9 Princípio da oralidade

O princípio da oralidade está estampado no Código de Processo Civil e na Lei de Mediação, pois a mediação e a conciliação são procedimentos essencialmente dialogados, havendo pouca escrita, diferentemente do que ocorre nos processos judiciais.

4.1.10 Princípio da informalidade

Em consequência de serem procedimentos essencialmente dialogados, a mediação e a conciliação também são regidas pelo princípio da informalidade, porque não há burocracia e formalismos em tais procedimentos. São, ainda, regidos conforme a livre autonomia das partes, inclusive no que diz respeito à definição de algumas regras procedimentais (art. 166, § 4º, Código de Processo Civil), o que traz flexibilidade e celeridade a tais procedimentos.

4.1.11 Princípio da busca do consenso

A Lei de Mediação determina, também, o princípio da busca do consenso, que nada mais é do que a necessidade de se estabelecer a maior cooperação possível entre todos os participantes do procedimento de mediação ou conciliação, em busca de seu objetivo principal, que é o consenso entre as partes diante da satisfação de suas necessidades.

4.1.12 Princípio da boa-fé

Por fim, está disposto na Lei de Mediação o princípio da boa-fé, representando a honestidade, a sinceridade e a urbanidade de todos os participantes nos procedimentos de mediação e conciliação.

4.2 Regras

O Código de Ética de Conciliadores e Mediadores Judiciais dispõe, igualmente, sobre as regras que regulamentam a mediação e a conciliação, como normas de conduta que devem ser observadas pelos terceiros facilitadores para o bom desenvolvimento dos procedimentos, permitindo que haja o engajamento dos envolvidos, com vistas à sua pacificação e ao comprometimento com eventual acordo obtido. São elas: informação, autonomia da vontade, ausência de obrigação de resultado, desvinculação da profissão de origem e compreensão quanto à conciliação e à mediação (art. 2º, Código de Ética de Conciliadores e Mediadores Judiciais do CNJ).

Vejamos, então, em que consiste cada uma dessas regras.

4.2.1 Informação

A primeira regra é a informação. Os mediadores e conciliadores têm o dever de informar aos interessados como funcionará o procedimento, quais são as etapas e o método de trabalho adotado, revelando, inclusive, os princípios dos quais tratamos anteriormente. Nos termos do art. 2º, inciso I, do Código de Ética de Conciliadores e Mediadores Judiciais:

> I – Informação – dever de esclarecer os envolvidos sobre o método de trabalho a ser empregado, apresentando-o de forma completa, clara e precisa, informando sobre os princípios deontológicos referidos no Capítulo I. (CNJ, 2010, Anexo III)

É muito importante que as partes estejam bem-informadas sobre o procedimento, pois, somente assim, serão capazes de desenvolver confiança na mediação ou conciliação e poderão cooperar durante a sessão.

4.2.2 Autonomia da vontade

Quando tratamos do princípio da independência e autonomia, verificamos que as partes são independentes e autônomas e que suas decisões são voluntárias, de modo que há plena liberdade durante toda a sessão de mediação e conciliação, com possibilidade, inclusive, de interrupção do procedimento a qualquer tempo. É nesse sentido que se delineia a regra de autonomia da vontade, conforme disposição do art. 2º, inciso II, do Código de Ética de Conciliadores e Mediadores Judiciais:

> II – Autonomia da vontade – dever de respeitar os diferentes pontos de vista dos envolvidos, assegurando-lhes que cheguem a uma decisão voluntária e não coercitiva, com liberdade para tomar as próprias decisões durante ou ao final do processo e de interrompê-lo a qualquer momento. (CNJ, 2010, Anexo III)

4.2.3 Ausência de obrigação de resultado

Essa regra está disposta no art. 2º, inciso III, do Código de Ética de Conciliadores e Mediadores Judiciais e está alinhada, também, com o princípio da independência e autonomia:

> III – Ausência de obrigação de resultado – dever de não forçar um acordo e de não tomar decisões pelos envolvidos, podendo, quando muito, no caso da conciliação, criar opções, que podem ou não ser acolhidas por eles. (CNJ, 2010, Anexo III)

Como já vimos, os mediadores e conciliadores não podem forçar um acordo nem tomar decisões pelas partes, podendo somente sugerir opções; quem define qual será a solução do conflito são os próprios interessados.

4.2.4 Desvinculação da profissão de origem

Essa regra determina que os mediadores e conciliadores esclareçam aos interessados que estão atuando desvinculados de sua profissão de origem. Muitos mediadores e conciliadores têm formação em direito, psicologia ou sociologia, por exemplo, porém, se houver necessidade de orientação ou aconselhamento nesse sentido, poderá ser convocado um profissional especialista com o consentimento das partes. Vejamos a disposição do art. 2º, inciso IV, do Código de Ética de Conciliadores e Mediadores Judiciais:

> IV – Desvinculação da profissão de origem – dever de esclarecer aos envolvidos que atuam desvinculados de sua profissão de origem, informando que, caso seja necessária orientação ou aconselhamento afetos a qualquer área do conhecimento poderá ser convocado para a sessão o profissional respectivo, desde que com o consentimento de todos. (CNJ, 2010, Anexo III)

Essa regra é importante para assegurar a imparcialidade dos mediadores e conciliadores.

4.2.5 Compreensão quanto à conciliação e à mediação

A compreensão quanto à conciliação e à mediação consiste no dever dos mediadores e conciliadores de "assegurar que os envolvidos, ao chegarem a um acordo, compreendam perfeitamente suas disposições, que devem ser exequíveis, gerando o comprometimento com seu cumprimento" (Brasil, 2015c, Anexo III, art. 2º, V).

Portanto, os mediadores e conciliadores devem garantir que os interessados compreenderam exatamente o acordo que foi estipulado, verificando se a forma como ele foi escrito está clara. Caso contrário, deverão redigi-lo de maneira mais compreensível, asseverando que as partes o tenham entendido. É preciso constatar, também, se o acordo é passível de cumprimento ou não, pois o objetivo da mediação e da conciliação não é somente firmar um acordo, mas assegurar que esse acordo seja cumprido.

4.3 Recomendações do Código de Ética para Mediadores do Fórum Nacional de Mediação

Como nosso objetivo é orientar e capacitar mediadores e conciliadores como um todo, seja na atuação judicial, seja na atuação extrajudicial, analisaremos, também, dois códigos de ética que contêm recomendações de boas práticas para orientar a atuação desses profissionais, mas são mais aplicáveis no âmbito privado, na mediação e conciliação extrajudicial, portanto.

O primeiro que examinaremos é o Código de Ética para Mediadores do Fórum Nacional de Mediação (Foname), que apresenta regras mínimas de conduta do mediador com vistas ao alcance da excelência na realização da mediação.

Esse código determina que o mediador utilize todos os seus esforços para facilitar a restauração do diálogo, a preservação das relações sociais e a construção da solução, mas ressalta que não há obrigação em obter tais resultados.

Uma questão interessante prevista no Código de Ética do Foname é que o mediador deve se comportar em coerência com os valores da mediação, também em sua vida pessoal e social, e cuidar para que esteja inserido somente em instituições que respeitem as regras e os princípios da mediação.

4.3.1 Princípios adicionais

O Código de Ética do Foname estabelece alguns princípios diversos daqueles elencados no Código de Ética do CNJ, no Código de Processo Civil e na Lei de Mediação. Vejamos quais são eles e em que consistem.

■ **Princípio da diligência**
Segundo esse princípio, o mediador deve ter cuidado e prudência, observando todos os demais princípios com o fim de assegurar a qualidade e a credibilidade do procedimento e a excelência dos serviços prestados.

■ **Princípio da transparência**
Esse princípio está em consonância com a regra de informação, pois determina que o mediador transmita às partes, de modo claro e objetivo, todas as informações sobre o processo, seus alcances e seus limites. De acordo com esse princípio, a mediação deve ser conduzida com idoneidade e transparência.

■ **Princípio do respeito**
Em harmonia com o princípio da boa-fé, o princípio do respeito prevê um tratamento adequado do mediador para com os interessados, devendo agir com sensibilidade, solidariedade, cooperação, bom senso e humildade, sem esquecer que as partes são protagonistas do processo.

4.3.2 Normas de conduta do mediador

O Código de Ética do Foname também dispõe sobre as normas de conduta do mediador, dividindo-as em normas de conduta gerais e específicas.

■ Normas de conduta gerais

As normas de conduta gerais do Código de Ética do Foname determinam que o mediador:

1) Avalie se a mediação é ou não aplicável ao caso concreto;

2) Garanta aos interessados a oportunidade de entender e avaliar as implicações e o desdobramento de todo o procedimento;

3) Aja com prudência e veracidade, sem prometer qualquer resultado;

4) Oportunize encontros individuais com ambas as partes;

5) No encontro individual, questione o que é sigiloso e o que pode ser levado ao conhecimento da outra parte;

6) Garanta aos interessados o equilíbrio de participação durante a mediação;

7) Garanta que os interessados tenham informações suficientes para tomar uma decisão qualificada, podendo consultar especialistas, se assim desejarem;

8) Oriente os interessados que os acordos sejam submetidos à revisão legal e não firam a ordem pública;

9) Não atue em processos em que os princípios da mediação não estejam plenamente assegurados. (Foname, 2015)

■ Normas de conduta específicas

As normas de conduta específicas do Código de Ética do Foname determinam que o mediador:

1) Atue de acordo com a vontade das partes, assegurando a voluntariedade do procedimento;

2) Não atue em casos que entender que lhe faltem conhecimento e/ou qualificação técnica necessária para assegurar a necessária qualidade do procedimento, encaminhando para outro profissional;

3) Construa e mantenha credibilidade com os interessados, a partir da adequação de sua conduta pessoal e funcional;

4) Aja de modo a evitar conflito de interesses*;

5) Informe aos interessados que a sua atuação estará desvinculada da sua profissão de origem;

6) Aja com respeito aos seus pares;

7) Acolha os interessados, de maneira receptiva, respeitosa, solidária, generosa, compassiva e sensível frente às singularidades, diferenças e ao seu momento emocional;

8) Certifique-se acerca da compreensão e da possibilidade de cumprimento do acordo firmado. (Foname, 2015)

4.3.3 Publicidade dos mediadores

Segundo o Código de Ética do Foname, ao realizar publicidade em veículos midiáticos, o mediador pode informar suas qualificações, experiências, natureza de serviços e honorários, mas não pode realizar quaisquer promessas ou garantias sobre o resultado da mediação ou divulgar dados como forma de angariar de clientes.

---

* Entende-se por *conflito de interesses* a existência de condutas ou fatos que demonstrem ou sugiram a possibilidade de o mediador atuar com parcialidade e dependência ou beneficiar-se do andamento ou dos resultados do processo de mediação.

4.3.4 Boas práticas recomendadas aos mediadores

Além dos princípios e das normas de conduta citados, o Código de Ética do Foname recomenda boas práticas aos mediadores, quais sejam:

1) Postura proativa;

2) Suporte teórico-prático a mediadores iniciantes, em forma de supervisão, intervisão e/ou orientação;

3) Prestação de serviços com honorários reduzidos ou de forma gratuita;

4) Participação em pesquisas e em campanhas informativas;

5) Evitar pautar o sucesso da mediação em dados qualitativos baseados exclusivamente no número de acordos obtidos;

6) Desenvolvimento de métodos de aferição qualitativos que pesquisem a satisfação dos interessados;

7) Divulgação criteriosa de dados estatísticos para fins acadêmicos, mediante a autorização dos envolvidos e preservação do anonimato;

8) Realização de pesquisas do grau de satisfação dos interessados;

9) Monitoramento pós-mediação;

10) Respeito com os colegas;

11) Formação de rede, visando à troca de informações e experiências, e ao aprimoramento teórico e prático. (Foname, 2015)

4.4 Recomendações do Código de Ética para Mediadores do Conselho Nacional das Instituições de Mediação e Arbitragem

O Código de Ética para Mediadores do Conselho Nacional das Instituições de Mediação e Arbitragem (Conima) dispõe que o mediador deve construir e manter credibilidade perante as partes, sendo independente, franco e coerente. Apresenta, ainda, recomendações sobre a forma como o mediador deve proceder com relação à sua nomeação, às partes, ao processo e à instituição ou entidade especializada.

4.4.1 Mediadores e a nomeação

O Código de Ética para Mediadores do Conima determina que os mediadores somente aceitarão o encargo se estiverem imbuídos "do propósito de atuar de acordo com os Princípios Fundamentais estabelecidos e Normas Éticas, mantendo íntegro o processo de Mediação" (Conima, 2023).

Os mediadores devem, ainda, revelar aos interessados se existe algum "interesse ou relacionamento que possa afetar a imparcialidade" (Conima, 2023).

Também é necessário que os mediadores avaliem a aplicabilidade da mediação ou não ao caso concreto e, depois de aceita a nomeação, eles são obrigados a seguir todos os termos convencionados.

4.4.2 Mediadores e as partes

Está consignado no Código de Ética do Conima que "A escolha do Mediador pressupõe relação de confiança personalíssima, somente transferível por motivo justo e com o consentimento expresso dos mediados" (Conima, 2023).

Quanto à atuação dos mediadores no que se refere às partes, as determinações do Código são as mesmas que estão nas normas de conduta específicas do Código de Ética do Foname, descritas anteriormente neste capítulo, na Seção 4.3.2. Existem apenas duas determinações diversas no Código de Ética do Conima: o mediador deve informar aos interessados o valor dos honorários, as custas e a forma de pagamento, bem como "Observar a restrição de não atuar como profissional contratado por qualquer uma das partes, para tratar de questão que tenha correlação com a matéria mediada" (Conima, 2023).

4.4.3 Mediadores e o processo

O Código de Ética para Mediadores do Conima estabelece que o mediador deve: descrever o processo da mediação para as partes; definir, em conjunto com as partes, todos os procedimentos pertinentes ao processo; prestar esclarecimentos aos interessados quanto ao sigilo do procedimento e zelar por ele; assegurar a qualidade do processo, utilizando todas as técnicas disponíveis; sugerir a participação de profissionais especialistas, se for o caso; interromper o processo se houver qualquer impedimento ético ou legal; suspender ou finalizar a mediação quando verificar que a continuação pode prejudicar qualquer das partes ou quando por elas solicitado; fornecer às partes as conclusões da mediação, por escrito, se estas forem requeridas (Conima, 2023).

4.4.4 Mediadores e a instituição ou entidade especializada

Por fim, o Código de Ética do Conima trata da postura dos mediadores em relação à instituição ou entidade especializada e determina que os profissionais devem: cooperar para a qualidade dos serviços prestados; manter os padrões de qualificação de formação, aprimoramento e especialização; acatar as normas institucionais e éticas da profissão e submeter-se ao Código e ao Conselho de Ética da instituição ou entidade especializada, comunicando qualquer violação às suas normas (Conima, 2023).

4.5 Responsabilidades e sanções aplicáveis aos mediadores e conciliadores

A terceira e última parte do Código de Ética do CNJ trata das responsabilidades dos mediadores e conciliadores e das respectivas sanções.

O art. 3º do Código de Ética do CNJ determina que apenas os profissionais capacitados e devidamente cadastrados nos Núcleos Permanentes de Métodos Consensuais de Solução de Conflitos (Nupemecs) dos tribunais poderão atuar como mediadores e conciliadores judiciais. Porém, somente o cadastro não é suficiente. Deve ser realizada uma seleção dos profissionais pelo juiz coordenador do Centro Judiciário de Solução Consensual de Conflitos (Cejusc), por meio de entrevistas, provas e demais meios adequados, para aferir sua aptidão.

Antes de iniciarem suas atividades, os mediadores e conciliadores devem assinar um termo de compromisso, pactuando o exercício de sua função com lisura e em respeito aos princípios do Código de Ética do CNJ (art. 4º, V, Código de Ética de Conciliadores e Mediadores Judiciais).

Como vimos anteriormente, aos mediadores e conciliadores se aplicam os mesmos motivos de impedimento e suspeição dos juízes; caso sejam constatados, deve-se informá-los aos envolvidos, interromper a sessão e substituir os profissionais (art. 5º, Código de Ética de Conciliadores e Mediadores Judiciais). Essa determinação também consta no art. 5º da Lei de Mediação e no art. 170 do Código de Processo Civil. Ainda, o mediador ou conciliador não poderá prestar qualquer outro serviço profissional aos envolvidos no processo de mediação ou conciliação sob sua condução (art. 7º, Código de Ética de Conciliadores e Mediadores).

Conforme o art. 144 do Código de Processo Civil, as hipóteses de **impedimento** para a atuação do juiz são:

> Art. 144. Há impedimento do juiz, sendo-lhe vedado exercer suas funções no processo:
>
> I – em que interveio como mandatário da parte, oficiou como perito, funcionou como membro do Ministério Público ou prestou depoimento como testemunha;
>
> II – de que conheceu em outro grau de jurisdição, tendo proferido decisão;
>
> III – quando nele estiver postulando, como defensor público, advogado ou membro do Ministério Público, seu cônjuge ou companheiro, ou qualquer parente, consanguíneo ou afim, em linha reta ou colateral, até o terceiro grau, inclusive;
>
> IV – quando for parte no processo ele próprio, seu cônjuge ou companheiro, ou parente, consanguíneo ou afim, em linha reta ou colateral, até o terceiro grau, inclusive;

V – quando for sócio ou membro de direção ou de administração de pessoa jurídica parte no processo;

VI – quando for herdeiro presuntivo, donatário ou empregador de qualquer das partes;

VII – em que figure como parte instituição de ensino com a qual tenha relação de emprego ou decorrente de contrato de prestação de serviços;

VIII – em que figure como parte cliente do escritório de advocacia de seu cônjuge, companheiro ou parente, consanguíneo ou afim, em linha reta ou colateral, até o terceiro grau, inclusive, mesmo que patrocinado por advogado de outro escritório;

IX – quando promover ação contra a parte ou seu advogado. (Brasil, 2015a)

Por sua vez, as hipóteses de **suspeição** do juiz estão elencadas no art. 145 do Código de Processo Civil:

Art. 145. Há suspeição do juiz:

I – amigo íntimo ou inimigo de qualquer das partes ou de seus advogados;

II – que receber presentes de pessoas que tiverem interesse na causa antes ou depois de iniciado o processo, que aconselhar alguma das partes acerca do objeto da causa ou que subministrar meios para atender às despesas do litígio;

III – quando qualquer das partes for sua credora ou devedora, de seu cônjuge ou companheiro ou de parentes destes, em linha reta até o terceiro grau, inclusive;

IV – interessado no julgamento do processo em favor de qualquer das partes.

§ 1º Poderá o juiz declarar-se suspeito por motivo de foro íntimo, sem necessidade de declarar suas razões. (Brasil, 2015a)

Ainda, caso o mediador ou conciliador esteja impossibilitado temporariamente de exercer a função, deverá informar com antecedência ao responsável para que seja providenciada sua substituição (art. 6º, Código de Ética de Conciliadores e Mediadores Judiciais).

O art. 7º do Código de Ética do CNJ determina que os mediadores e conciliadores ficam absolutamente impedidos "de prestar serviços profissionais, de qualquer natureza, aos envolvidos em processo de conciliação/mediação sob sua condução" (Brasil, 2015c, Anexo III). O Código de Processo Civil e a Lei de Mediação estabelecem que esse impedimento tem prazo de um ano, de acordo com seus arts. 172 e 6º, respectivamente.

Por fim, o art. 8º desse código trata da possibilidade de exclusão e impedimento de atuação dos mediadores e conciliadores, em caso de descumprimento dos princípios e regras estabelecidos e condenação definitiva em processo criminal, consignando que qualquer pessoa poderá representá-lo ao juiz coordenador para adoção das providências cabíveis.

O juiz coordenador poderá suspender o mediador ou conciliador por 180 dias, informando o fato ao Nupemec para que seja aberto processo administrativo e, se for o caso, o mediador ou conciliador seja excluído do cadastro estadual. O Código de Processo Civil assim determina:

Art. 173. Será excluído do cadastro de conciliadores e mediadores aquele que:

I – agir com dolo ou culpa na condução da conciliação ou da mediação sob sua responsabilidade ou violar qualquer dos deveres decorrentes do art. 166, §§ 1º e 2º;

II – atuar em procedimento de mediação ou conciliação, apesar de impedido ou suspeito.

§ 1º Os casos previstos neste artigo serão apurados em processo administrativo.

§ 2º O juiz do processo ou o juiz coordenador do centro de conciliação e mediação, se houver, verificando atuação inadequada do mediador ou conciliador, poderá afastá-lo de suas atividades por até 180 (cento e oitenta) dias, por decisão fundamentada, informando o fato imediatamente ao tribunal para instauração do respectivo processo administrativo. (Brasil, 2015a)

É importante destacar que a Lei de Mediação equipara o mediador e todos aqueles que o assessoram no procedimento a servidores públicos, quando estão no exercício de suas funções ou em razão delas, para os efeitos da legislação penal (art. 8º, Lei n. 13.140/2015).

Para saber mais

Para se aprofundar no conteúdo deste capítulo, indicamos a leitura do Capítulo 2 do manual a seguir indicado.

TAKAHASHI, B. et al. **Manual de mediação e conciliação da Justiça Federal**. Brasília: Conselho da Justiça Federal, 2019. Disponível em: <https://www.cjf.jus.br/cjf/corregedoria-da-justica-federal/centro-de-estudos-judiciarios-1/publicacoes-1/outras-publicacoes/manual-de-mediacao-e-conciliacao-na-jf-versao-online.pdf>. Acesso em: 28 mar. 2023.

Consultando a legislação

BRASIL. Lei n. 13.105, de 16 de março de 2015. **Diário Oficial da União**, Poder Legislativo, Brasília, DF, 17 mar. 2015. Disponível em: <https://www.planalto.gov.br/ccivil_03/_ato2015-2018/2015/lei/l13105.htm>. Acesso em: 15 mar. 2023.

BRASIL. Lei n. 13.140, de 26 de junho de 2015. **Diário Oficial da União**, Poder Legislativo, Brasília, DF, 29 jun. 2015. Disponível em: <https://www.planalto.gov.br/ccivil_03/_ato2015-2018/2015/lei/l13140.htm>. Acesso em: 28 mar. 2023.

CNJ – Conselho Nacional de Justiça. Resolução n. 125, de 29 de novembro de 2010. **Diário da Justiça**, Brasília, DF, 1º out. 2010. Disponível em: <https://atos.cnj.jus.br/atos/detalhar/156>. Acesso em: 28 mar. 2023.

CONIMA – Conselho Nacional das Instituições de Mediação e Arbitragem. **Código de Ética para Mediadores**. Disponível em: <https://conima.org.br/mediacao/codigo-de-etica-para-mediadores/>. Acesso em: 28 mar. 2023.

FONAME – Fórum Nacional de Mediação. **Código de Ética para Mediadores do Fórum Nacional de Mediação**. 2015. Disponível em: <https://fonamecombr.files.wordpress.com/2015/10/cc3b3digo-de-c3a9tica.pdf>. Acesso em: 28 mar. 2023.

Síntese

Neste capítulo, apresentamos os princípios éticos e as regras de conduta aplicáveis à mediação e à conciliação, que devem ser sempre pautadas na promoção do bem-estar social. Primeiramente, abordamos os princípios dispostos no Código de Ética de Conciliadores e Mediadores Judiciais do Conselho Nacional de Justiça (CNJ), na Lei de Mediação e no Código de Processo

Civil, quais sejam: confidencialidade, decisão informada, competência, imparcialidade, independência e autonomia, respeito à ordem pública e às leis vigentes, empoderamento, validação, oralidade, informalidade, busca do consenso e boa-fé.

Em seguida, destacamos as regras do Código de Ética de Conciliadores e Mediadores Judiciais, a saber: informação, autonomia da vontade, ausência de obrigação de resultado, desvinculação da profissão de origem e compreensão quanto à conciliação e à mediação. Analisamos, igualmente, as recomendações do Código de Ética para Mediadores do Fórum Nacional de Mediação (Foname), que apresenta regras mínimas de conduta do mediador com vistas ao alcance da excelência na mediação e traz três princípios adicionais: diligência, transparência e respeito. Esse código também trata das normas de conduta do mediador, dividindo-as em gerais e específicas, versa sobre a publicidade dos mediadores e recomenda boas práticas.

Na sequência, examinamos o Código de Ética para Mediadores do Conselho Nacional das Instituições de Mediação e Arbitragem (Conima), que dispõe que o mediador deve construir e manter credibilidade perante as partes, sendo independente, franco e coerente. Apresenta, ainda, recomendações sobre a forma como o mediador deve proceder com relação à sua nomeação, às partes, ao processo e à instituição ou entidade especializada. Por fim, discutimos as responsabilidades e sanções aplicáveis aos mediadores e conciliadores, destacando que aos mediadores e conciliadores aplicam-se os mesmos motivos de impedimento e suspeição dos juízes. Em caso de descumprimento dos princípios e regras estabelecidos no Código de Ética do CNJ e condenação definitiva em processo criminal, há possibilidade de exclusão e impedimento de atuação dos mediadores e conciliadores. A Lei de Mediação equipara o mediador e todos aqueles que o assessoram no procedimento a servidores públicos, quando estão no exercício de suas funções ou em razão delas, para os efeitos da legislação penal.

Questões para revisão

1) Você foi designado para atuar como mediador judicial em um processo no qual a empresa de que você é sócio ´é parte. O que você deve fazer?

2) Você foi designado para atuar como conciliador judicial em um processo no qual o autor é seu amigo íntimo. O que você deve fazer?

3) O princípio que determina que o mediador não pode aceitar favores ou presentes é o princípio:

   a. da confidencialidade.
   b. da imparcialidade.
   c. da independência e autonomia.
   d. do empoderamento.
   e. da decisão informada

4) O princípio que determina que o mediador ou conciliador informe os interessados sobre o procedimento e o contexto fático em que estão inseridos é o princípio:

   a. da competência.
   b. da imparcialidade.
   c. da independência e autonomia.
   d. do empoderamento.
   e. da decisão informada.

5) O princípio segundo o qual, nos procedimentos de mediação e conciliação, os interessados são os principais agentes de solução do conflito é o princípio:

a. da confidencialidade.
b. da imparcialidade.
c. da independência e da autonomia.
d. do empoderamento.
e. da decisão informada.

Questões para reflexão

1) Entre os princípios éticos do mediador e do conciliador, qual você considera o mais importante? Por quê?

2) Entre as regras de conduta norteadoras da atuação do mediador e do conciliador, qual você considera a mais importante? Por quê?

V

Conteúdos do capítulo:

» Perfis de negociadores.
» Método da negociação baseada em princípios.

Após o estudo deste capítulo, você será capaz de:

1. diferenciar os principais perfis de negociadores existentes;
2. compreender o método da negociação baseada em princípios e sua aplicabilidade em mediações e conciliações.

5.1 Perfis de negociadores

A negociação é uma habilidade muito relacionada a técnicas de persuasão, o que vai na contramão da mediação e da conciliação, pois o objetivo não é "forçar um acordo", mas fazer com que as partes cheguem a uma solução comum que satisfaça as necessidades de ambas e seja adotada por livre e espontânea vontade. Contudo, é importante entender as técnicas de negociação, pois muitas delas são úteis e podem ser aplicadas aos procedimentos de mediação e conciliação.

O que devemos ter em mente antes de estudar propriamente as técnicas de negociação é que, em primeiro lugar, a negociação está bastante relacionada com o lado emocional; isso é inevitável. Por mais que você negocie com alguém com quem não se importa em manter um relacionamento, ter inteligência emocional é indispensável para obter uma boa negociação.

A inteligência emocional abrange dois aspectos muito importantes. O primeiro é o autoconhecimento. É preciso conhecer seu perfil, sua personalidade. Apenas a título de reflexão, pense: Como você reage a determinadas atitudes de seu interlocutor em uma situação de conflito? Você consegue controlar suas emoções e pensar racionalmente ou você fica irritado e acaba agindo impulsivamente?

O segundo aspecto é a empatia. Esse tema será aprofundado no decorrer deste capítulo, mas, por enquanto, devemos ressaltar que a compreensão do interlocutor e de suas reais necessidades é extremamente importante em uma situação de negociação, pois assim começamos a ganhar sua confiança e certamente obteremos uma boa negociação.

De acordo com o professor Ricardo Goretti (2019, p. 84), "quando é levado a se colocar no lugar do outro, o interlocutor pode sinalizar para o gestor de conflitos que uma reconciliação é ou não possível ou que uma composição amigável pode ou não se concretizar".

Independentemente do que estejamos negociando, precisaremos da colaboração de nosso interlocutor para chegar a um "denominador comum". Queremos algo da outra pessoa, e ela quer algo de nós, então a falta de inteligência emocional pode nos fazer perder uma negociação.

Com base nesse pressuposto, analisaremos os principais perfis de negociadores conforme a visão de estudiosos do assunto. A literatura classifica esses perfis em termos diversos, mas o princípio é o mesmo. A classificação apresentada a seguir é de Eduardo Ferraz, autor do livro *Negocie qualquer coisa com qualquer pessoa* (2015).

5.1.1 Cooperante

Os cooperantes são pessoas agradáveis e fáceis de lidar. São gentis, flexíveis, evitam competições, preferem não fazer pedidos e não gostam de dizer "não", portanto fazem muitas concessões. Essas pessoas se preocupam muito com as outras e gostam de ajudá-las, por isso geralmente são amáveis e benquistas.

Parece um ótimo perfil, não é mesmo? De fato, o perfil cooperante tem muitos aspectos positivos, mas é preciso tomar cuidado com a comunicação passiva e o excesso de gentileza, pois, muitas vezes, o interlocutor pode ultrapassar limites. Logo, é necessário estabelecer uma comunicação assertiva, que é um meio termo entre a comunicação passiva e a agressiva, valendo-se de uma linguagem firme, objetiva e não violenta, como expresso em: "Entendo seu ponto de vista, mas não concordo".

5.1.2 Impaciente

Os impacientes são pessoas com senso de urgência. Geralmente, são agitados, ansiosos, não gostam de esperar, fazem muitas tarefas ao mesmo tempo e procuram simplificar as coisas, mas acabam não tendo paciência para negociar.

Se identificarmos um interlocutor com perfil impaciente, precisamos ser claros e objetivos, ou seja, devemos ir direto ao ponto. Agora, se nos identificamos com esse perfil, temos de tomar muito cuidado para não sermos impulsivos, precipitados e acabarmos fazendo um mau negócio.

5.1.3 Perfeccionista

O perfeccionista é exatamente o oposto do impaciente, isto é, ele vai preferir uma proposta por escrito, nos mínimos detalhes, uma planilha, se for possível, a fim de que tudo fique bem claro para ele. São pessoas críticas, detalhistas e pouco flexíveis, que gostam de ouvir e estudar muito antes de negociar, por isso acabam demorando para decidir.

Se identificarmos um interlocutor com perfil perfeccionista, precisamos ser cuidadosamente detalhistas com ele. Se formos muito objetivos, ele pode acreditar que não temos tanto conhecimento sobre o que estamos negociando, o que vai gerar insegurança e prejudicar a negociação. Por outro lado, se nos identificamos com esse perfil, devemos tomar cuidado com a falta de flexibilidade, pois, embora seja importante ter calma e cuidado, demorar muito para decidir pode travar uma negociação.

5.1.4 Sedutor

Esse é o perfil que negocia com base na emoção. Os sedutores são criativos, extrovertidos e bastante afetivos, têm bons relacionamentos, mas podem acabar sendo manipuladores.

Normalmente, pessoas que têm esse perfil priorizam os relacionamentos aos resultados de uma negociação e, consequentemente, costumam agir com mais emoção do que com razão.

Ao negociarmos com uma pessoa de perfil sedutor, precisamos manter a racionalidade e tomar cuidado para não cair em uma espécie de "jogo emocional" na negociação. Todavia, se nos identificamos como sedutores, devemos tomar cuidado com o excesso de autoconfiança. Ainda que tenhamos uma excelente capacidade de persuasão, a preparação antes de uma negociação é imprescindível.

5.1.5 Competitivo

O último perfil é o competitivo. Aqui estão pessoas opostas às do perfil cooperante, pois são aquelas que negociam duramente, são ambiciosas, não gostam de perder, fazem pressão e pedidos o tempo todo.

As pessoas com perfil competitivo podem ser, muitas vezes, classificadas como pessoas "difíceis de lidar". Então, se identificarmos que nosso interlocutor tem esse perfil, precisamos ser muito racionais. O competitivo gosta de ganhar o jogo, portanto precisamos conduzir a negociação para que ele dê o ponto final, não de uma forma que nos prejudique, mas justamente para que possamos acessá-lo durante o caminho.

Caso o interlocutor demonstre irritabilidade, devemos manter a frieza e nos imaginar como observadores da cena, com objetividade. Se for preciso, podemos sair e voltar a negociar em outro momento para não cairmos na armadilha de revidar e instalar um conflito.

Outra questão muito importante é como seu interlocutor receberá a mensagem. O que é entendido pelo receptor depende de seus filtros pessoais (personalidade, cultura, conceitos etc.), portanto é imprescindível mantermos sempre uma comunicação assertiva. Por exemplo, devemos evitar falas como "O que você não entendeu?", pois isso pode soar como uma atribuição de culpa à outra parte. Essa frase pode ser substituída pela seguinte: "Algo do que eu disse não ficou suficientemente claro?".

A maioria das características apontadas em relação ao perfil competitivo foi negativa, contudo, por serem pessoas determinadas, os negociadores com perfil competitivo geralmente alcançam ótimos resultados.

Na verdade, todos os perfis têm seus pontos fracos e fortes; o importante é analisarmos cada um deles para que possamos fazer, primeiramente, uma autoanálise, buscando compreender quais são as nossas características predominantes; em seguida, devemos analisar nossos interlocutores, para então identificarmos como agir em uma negociação. Além disso, embora algumas características sejam próprias de nossa personalidade, se exercitarmos as técnicas de negociação e comunicação que estamos abordando aqui, poderemos incorporar aspectos positivos de cada um dos perfis comentados.

5.2 Método da negociação baseada em princípios

As negociações são comumente classificadas em três tipos:

1. **Negociação competitiva** (ou ganha-perde): ambas as partes desejam obter para si o melhor resultado, independentemente da satisfação da outra parte.

2. **Negociação colaborativa** (ou ganha-ganha): há um esforço conjunto das partes, buscando-se uma solução vantajosa para ambas.
3. **Negociação distributiva**: as partes distribuem os ganhos e as perdas, procurando encontrar um meio-termo.

É claro que o melhor cenário é obter uma solução vantajosa para ambas as partes. Nesse sentido, existem inúmeras técnicas para chegar a uma negociação "ganha-ganha". Aqui, abordaremos o método da negociação baseada em princípios, desenvolvido pelos professores Roger Fisher, William Ury e Bruce Patton no Program On Negotiation (PON) da Universidade de Harvard. De acordo com os professores,

> No método da negociação baseada em princípios, desenvolvido no Projeto de Negociação de Harvard (Harvard Negotiation Project), o negociador decide as questões por seus méritos, e não por um processo de barganha focado no que cada lado diz que vai ou não fazer. Ele sugere que você busque ganhos mútuos sempre que possível e que, quando os interesses forem conflitantes, insista em fazer com que o resultado se baseie em critérios justos, seja qual for a vontade das partes. (Fisher; Ury; Patton, 2018, p. 18)

O método da negociação baseada em princípios envolve quatro pontos:

1. **Pessoas**: o método sugere separar as pessoas do problema e considerar ambas as partes como efetivos solucionadores de tal situação, trabalhando juntos para resolvê-lo, ou seja, sendo "gentil com as pessoas" e "firme com o problema" (Fisher; Ury; Patton, 2018, p. 32).

2. **Interesses**: o método sugere que as partes se concentrem nos interesses, e não nas posições umas das outras (os termos serão mais bem explicados na sequência).
3. **Opções**: o método sugere que as partes pensem em diversas opções de acordo que tragam a possibilidade de ganhos mútuos.
4. **Critérios**: o método sugere que as partes utilizem critérios objetivos para atingir o resultado da negociação, independentemente de suas vontades pessoais.

Embora o método pareça simples, existem diversos aspectos a serem explorados em cada um desses pontos, entre os quais destacamos aqueles que consideramos imprescindíveis para uma boa negociação.

5.2.1 Pessoas

Quando falamos em "separar as pessoas do problema", é preciso pensar nas partes como parceiros enfrentando o problema, e não como adversários. Nossas emoções diante de um conflito podem nos fazer confundir o relacionamento com a outra parte com o próprio problema em si. Assim, quando percebemos divergências entre as nossas percepções e as da outra parte, precisamos buscar formas de esclarecê-las.

É muito importante ouvir, verdadeiramente, o que a outra parte tem a dizer para entender quais são as suas motivações e as suas dores. Quem tem mais poder não é quem tem os melhores argumentos, mas quem escuta mais. Ter escuta ativa significa ouvir a outra parte atentamente e de forma receptiva.

Para demonstrar essa atenção genuína, é essencial olhar nos olhos, reafirmar o que a pessoa falou, repetindo trechos, por exemplo, do que foi falado. Isso evidencia que temos interesse pelo que ela está dizendo, que entendemos o que foi dito e nos importamos com a opinião dela. Aliás, devemos perguntar qual é a opinião dela. Também podemos utilizar a técnica do espelhamento: adotar uma postura semelhante à da outra parte. Se a pessoa está com os braços cruzados, por exemplo, você poderá cruzar os braços também; não se trata de imitá-la, mas de criar uma sensação de proximidade.

5.2.2 Interesses

Como vimos, o segundo ponto do método sugere que as partes se concentrem nos interesses, e não nas posições umas das outras. Negociar nada mais é do que trocar interesses. Interesse é aquilo que a pessoa realmente quer, sua real necessidade, mas que nem sempre é verbalizado. Já posição é aquilo que a pessoa declara ou acredita necessitar, é a forma que ela acha melhor para alcançar seu objetivo. As posições sempre são verbalizadas em um conflito e fáceis de identificar. Um exemplo de posição adotada em um conflito é aquela situação em que a pessoa diz algo como "Se você não fizer assim, eu vou embora".

Em um conflito, raramente os interesses e as posições são compatíveis. Colocar o foco em posições deixa a negociação muito rígida. Quanto mais atenção se dá às posições, menos atenção recebem as reais necessidades das partes. Assim, saber identificar os interesses das partes traz maiores opções para o negociador. Olhar para os interesses por trás de posições opostas pode nos fazer encontrar uma posição alternativa que atenda aos interesses de ambas as partes.

Mas como é possível identificar os reais interesses da outra parte? Com empatia, colocando-se no lugar do outro, experimentando o ponto de vista dele, embora isso não signifique, necessariamente, concordar com ele.

Um exemplo corriqueiramente utilizado para explicar posições e interesses é o caso de duas pessoas que estão brigando pela mesma fruta, sem que saibam o motivo pelo qual a outra pretende utilizá-la. Uma das pessoas quer a casca da fruta para fazer um doce, enquanto a outra quer seu interior para fazer um suco. Dividir a fruta em duas partes iguais não trará um resultado satisfatório às partes; agora, se elas descobrirem o real interesse uma da outra, cada uma poderá pegar a parte da fruta que deseja (casca ou interior) e ambas sairão plenamente satisfeitas.

Portanto, em uma negociação, é imprescindível refletir e questionar: "Por quê?". Por que ele quer a fruta? Cabe, ainda, perguntar diretamente ao outro, deixando claro que você quer apenas entender suas necessidades e explicitando, também, quais são seus reais interesses.

Howard Zehr (2020, p. 189), um dos pioneiros da justiça restaurativa, sugere que troquemos os questionamentos tradicionais, como "Quais leis foram infringidas? Quem praticou esse dano? O que o ofensor merece?", por questionamentos com foco nos envolvidos, como "Quem sofreu os danos? Quais são suas necessidades? De quem é a obrigação de suprir essas necessidades?". É exatamente dessa forma que devemos pensar.

5.2.3 Opções e critérios

Para criarmos diversas opções de acordo com possibilidade de ganhos mútuos e assegurarmos que o resultado se baseie em critérios objetivos, independentemente de nossa vontade pessoal, devemos fazer o planejamento da negociação.

Uma boa negociação começa no planejamento, devendo-se reunir todas as informações possíveis sobre a outra parte e colocar-se no lugar dela para verificar seus reais interesses. Também é importante ter clareza sobre os próprios interesses e pensar em mais de uma opção que os atenda. Um bom planejamento envolve os seguintes aspectos:

» Faça uma autoanálise: Qual é seu perfil de negociador? Quais são seus pontos fracos e fortes?
» O que você vai negociar?
» Qual é seu principal motivador na negociação? (Ou seja, quais são as necessidades que você pretende satisfazer?)
» Faça uma análise de seu interlocutor: Qual é o perfil de negociador dele? Quais são seus pontos fracos e fortes?

Com relação à definição de critérios objetivos, é fundamental estabelecer metas. Também utilizamos a sigla ZOPA (zona de possível acordo), para estabelecer um limite mínimo e máximo nas negociações. Por exemplo: quero vender a minha casa por R$ 200.000,00, mas posso chegar até o valor de R$ 150.000,00 na minha negociação.

Por fim, é necessário considerar quais ajustes você poderia propor em seu acordo. Para as diversas alternativas existentes em uma negociação, usamos a sigla BATNA (*best alternative to a negotiated agreement*) ou MAANA (melhor alternativa à negociação de um acordo), que significa pensar em alternativas concretas ao acordo. Quanto melhor sua BATNA, maior seu poder na negociação.

Gosto de utilizar um exemplo pessoal para exemplificar a BATNA. Atuei como advogada no setor de negociações de um escritório, no qual minhas clientes eram seguradoras. Os processos envolviam acidentes de trânsito e, na maioria dos casos, minhas clientes teriam de pagar um valor alto ao final do processo. Meu trabalho, portanto, era buscar diminuir seu prejuízo, oferecendo aos autores dos processos valores menores do que aqueles que acreditávamos que seriam estipulados na condenação, para formalizar um acordo e encerrar o processo. Assim, nas minhas negociações, eu utilizava como BATNA a demonstração, para a outra parte, de que aceitar o acordo poderia ser uma solução célere e efetiva para ambas as partes. Por outro lado, não aceitar o acordo poderia fazê-la ter de esperar durante anos a resolução do processo. Essa era uma boa alternativa que eu tinha, mas é necessário analisarmos cada caso concreto e identificarmos a melhor alternativa que temos para negociar, preparando opções antes de a negociação começar e baseando-nos no poder dessas alternativas. Contudo, apesar do planejamento, a negociação nunca seguirá um "fluxograma"; ela não é uma ciência exata, então sempre devemos pensar nos possíveis ajustes também.

Para saber mais

As obras a seguir indicadas reúnem conteúdo abrangente sobre o tema abordado neste capítulo, motivo pelo qual indicamos a leitura.

FERRAZ, E. **Negocie qualquer coisa com qualquer pessoa**. São Paulo: Gente, 2015.

FISHER, R.; URY, W.; PATTON, B. **Como chegar ao sim**: como negociar acordos sem fazer concessões. Rio de Janeiro: Sextante, 2018.

Consultando a legislação

BRASIL. Constituição (1988). **Diário Oficial da União**, Brasília, 5 out. 1988. Disponível em: <https://www.planalto.gov.br/ccivil_03/constituicao/constituicao.htm>. Acesso em: 28 mar. 2023.

BRASIL. Lei n. 13.105, de 16 de março de 2015. **Diário Oficial da União**, Poder Legislativo, Brasília, DF, 17 mar. 2015. Disponível em: <https://www.planalto.gov.br/ccivil_03/_ato2015-2018/2015/lei/l13105.htm>. Acesso em: 15 mar. 2023.

BRASIL. Lei n. 13.140, de 26 de junho de 2015. **Diário Oficial da União**, Poder Legislativo, Brasília, DF, 29 jun. 2015. Disponível em: <https://www.planalto.gov.br/ccivil_03/_ato2015-2018/2015/lei/l13140.htm>. Acesso em: 28 mar. 2023.

CNJ – Conselho Nacional de Justiça. Resolução n. 125, de 29 de novembro de 2010. **Diário da Justiça**, Brasília, DF, 1º out. 2010. Disponível em: <https://atos.cnj.jus.br/atos/detalhar/156>. Acesso em: 28 mar. 2023.

Síntese

Neste capítulo, concluímos que, embora algumas técnicas de negociação sejam relacionadas à persuasão, seu estudo é importante e útil para os procedimentos de mediação e conciliação. Destacamos que ter inteligência emocional (autoconhecimento e empatia) é indispensável para obter uma boa negociação. Abordamos os principais perfis de negociadores existentes: cooperante, impaciente, perfeccionista, sedutor e competitivo. Também discutimos o método da negociação baseada em princípios, desenvolvido pelos professores Roger Fisher, William Ury e Bruce Patton no Program On Negotiation (PON) da

Universidade de Harvard, que envolve quatro aspectos: pessoas (é preciso separar as pessoas do problema, sendo "gentil com as pessoas" e "firme com o problema"); interesses (as partes devem se concentrar nos interesses, e não nas posições umas das outras); opções (as partes devem pensar em diversas opções de acordo que tenham possibilidade de ganhos mútuos); e critérios (as partes devem utilizar critérios objetivos para atingir o resultado da negociação, independentemente de suas vontades pessoais). Por fim, ressaltamos que, apesar do planejamento, a negociação nunca seguirá um "fluxograma", sendo fundamental pensar sempre em seus possíveis ajustes.

QUESTÕES PARA REVISÃO

1) O que são interesses e posições?

2) Apresente ao menos três critérios envolvidos em um bom planejamento para uma negociação.

3) De acordo com os estudos sobre negociação, a inteligência emocional abrange dois aspectos muito importantes:

   a. autoconhecimento e empatia.
   b. autoconhecimento e colaboração.
   c. autoconhecimento e comunicação.
   d. colaboração e empatia.
   e. colaboração e comunicação.

4) De acordo com os estudos sobre o método da negociação baseada em princípios, é preciso ser:

   a. gentil com as pessoas e gentil com o problema.

b. gentil com as pessoas e firme com o problema.
c. firme com as pessoas e firme com o problema.
d. firme com as pessoas e gentil com o problema.
e. passivo com as pessoas e ofensivo contra o problema.

5) De acordo com os estudos sobre o método da negociação baseada em princípios, faz parte do bom planejamento de uma negociação:

I. Reunir todas as informações possíveis sobre a outra parte, colocando-se no lugar dela para verificar seus reais interesses.
II. Ter clareza sobre os próprios interesses e pensar em mais de uma opção que os atenda.
III. Estabelecer metas concretas, sem eventuais possibilidades de ajustes.

É correto o que se afirma em:

a. I, apenas.
b. II, apenas.
c. I e II, apenas.
d. II e III, apenas.
e. I, II e III.

Questões para reflexão

1) Depois de analisar os perfis de negociador, reflita: qual ou quais são seus perfis?
2) Você se considera um bom negociador? Quais são os pontos de melhora que você identificou?

VI

Técnicas de comunicação

CONTEÚDOS DO CAPÍTULO:

» Comunicação não violenta nos procedimentos de mediação e conciliação.
» Estratégias de comunicação.

APÓS O ESTUDO DESTE CAPÍTULO, VOCÊ SERÁ CAPAZ DE:

1. aprender a se expressar com sinceridade e receber com empatia, aplicando a comunicação não violenta nos procedimentos de mediação e conciliação;
2. compreender as principais estratégias de comunicação que podem favorecer o restabelecimento do diálogo entre as pessoas e ser aplicadas em mediações e conciliações.

6.1 Comunicação não violenta nos procedimentos de mediação e conciliação

Todo o trabalho dos mediadores e conciliadores está pautado na comunicação, já que eles são facilitadores do diálogo entre os interessados. Por isso, destinamos esta seção para tratar, especialmente, da comunicação não violenta (CNV), um método desenvolvido pelo psicólogo Marshall B. Rosenberg e utilizado para "mediar disputas e conflitos em todos os níveis no mundo todo" (Rosenberg, 2021, p. 28).

A CNV é baseada em habilidades de inteligência emocional, com foco em agir com consciência, sinceridade, clareza, imparcialidade e compaixão para ligar-se a si mesmo e aos outros. O método tem quatro elementos: observação, sentimentos, necessidades e pedidos. Primeiro, é necessário observarmos o que está acontecendo, sem julgar ou avaliar. Depois, devemos verificar como estamos nos sentindo ao observar aquela situação (magoados, tristes, assustados, irritados etc.). Em seguida, buscamos reconhecer quais de nossas necessidades estão ligadas aos sentimentos que identificamos e, por fim, fazemos um pedido que enfoca o que queremos da outra pessoa. Também devemos perceber o que nosso interlocutor observa, sente e precisa, para descobrir o que ele poderia nos pedir. A CNV, portanto, está dividida em duas partes: expressar-se com sinceridade e receber com empatia, por meio desses quatro elementos. Analisaremos, então, cada um dos componentes da CNV.

6.1.1 Observação

Antes de enfocarmos o que devemos fazer para obter uma boa comunicação, é importante considerarmos o que nós não devemos fazer. A CNV nos ensina que o primeiro passo para a resolução de um conflito é observar a situação, sem julgar ou avaliar. Devemos evitar classificar as atitudes das pessoas como certas ou erradas, boas ou ruins, observando, no entanto, seus sentimentos, a necessidade e o pedido que estão ocultos.

Nós crescemos aprendendo a fazer juízos morais de pessoas e comportamentos que não estão de acordo com nossos valores pessoais e, consequentemente, acabamos generalizando e rotulando as pessoas com base em seus comportamentos. Por exemplo, será que fulano realmente é preguiçoso ou apenas faz coisas que rotulamos de "preguiçosas"? Será que sicrano é, de fato, burro ou somente sabe coisas diferentes das que nós sabemos? Vejamos um poema escrito por Ruth Bebermeyer e reproduzido no livro *Comunicação não violenta*, de Marshall Rosenberg (2021), o qual exemplifica essa situação:

> [...]
> O que alguns chamam de preguiçoso
> outros chamam de tranquilo;
> o que alguns chamam de burrice
> outros chamam de diferente.
> Então, cheguei à conclusão
> de que evitaremos toda confusão
> se não misturarmos o que vemos
> com o que é nossa opinião.
> Por isso mesmo, quero também dizer:
> sei que esta é apenas minha opinião.

Fonte: Rosenberg, 2021, p. 48.

Mas, então, o que seria observar sem julgar ou avaliar? Tomemos como exemplo um conflito entre um casal. Ao questionar o marido sobre o que sua esposa faz que o aborrece, ele responde: "Ela fala demais e nunca me deixa falar!". Nesse caso, ele não está fazendo uma observação, mas avaliando o quanto ela fala. Ele poderia dizer: "Ela fala demais, pois acha que sempre tem razão!". Ainda assim, não seria uma observação, pois ele estaria imaginando o que ela pensa. Agora, se ele dissesse algo como "Ela conta histórias de sua infância quando estamos conversando", isso seria uma observação sem avaliação.

Quando fazemos observações com avaliações, nosso interlocutor pode recebê-las como críticas e resistir ao que dizemos. Frases como "Você nunca faz o que eu peço", "Ela esquece os pedidos com frequência", "Meu pai sempre está ocupado", "Minha tia raramente me responde" são declarações corriqueiras que podem provocar resistência.

Devemos nos conscientizar de que somente nós somos responsáveis por nossos pensamentos, sentimentos e atos, sem culpar, analisar, rotular, comparar ou criticar os outros, assumindo nossas próprias responsabilidades. Para um mediador ou conciliador, isso é imprescindível, pois as partes podem comportar-se dessa forma com frequência, com julgamentos e até acusações contra o outro e, nesse momento, a utilização das técnicas que estudaremos a seguir será de suma importância para o facilitador.

6.1.2 Sentimentos

O segundo elemento da CNV consiste em verificar como estamos nos sentindo diante da situação que observamos.

Rosenberg (2021) ensina que revelar nossa vulnerabilidade, demonstrando nossos sentimentos, pode auxiliar na resolução de conflitos. Para exemplificar isso, ele comenta sobre uma aula que estava dando para adolescentes que não estavam prestando atenção à sua fala. Então, confessou como estava se sentindo: "estou nervoso, minha sensação vem do fato de não conhecer ninguém aqui e desejar ter sido aceito quando entrei nesta sala" (Rosenberg, 2021, p. 61) O autor ainda relata que, depois disso, os alunos começaram a perguntar sobre ele, contar coisas sobre eles mesmos e demonstrar curiosidade sobre a CNV.

Portanto, devemos demonstrar o que estamos sentindo, mas também precisamos saber diferenciar sentimentos de pensamentos, utilizando palavras que traduzam emoções específicas. Por exemplo, a declaração "Sinto que você não me ama" não demonstra um sentimento, mas uma opinião. Essa frase demonstra o que uma pessoa acha que a outra sente, mas não o que ela está sentindo de fato. Nesse caso, a palavra *sinto* poderia ser substituída por *acho, penso, creio* ou *acredito*. Na verdade, o que ela está sentindo provavelmente é tristeza, mágoa, decepção ou rejeição por acreditar que o outro não a ama. A CNV "distingue a expressão de sentimentos verdadeiros de palavras e afirmações que descrevem pensamentos, avaliações e interpretações" (Rosenberg, 2021, p. 66).

6.1.3 Necessidades

O terceiro passo para resolver um conflito, de acordo com a CNV, é buscar reconhecer quais são as necessidades que estão ligadas aos sentimentos identificados. Temos o costume de atribuir aos outros a culpa pela insatisfação de nossas necessidades. Por exemplo, se a namorada diz ao namorado "Você me deixou triste porque não veio aqui em casa na noite passada", ela está atribuindo a ele uma culpa pela sua tristeza.

Contudo, aquilo que os outros fazem e dizem para nós nunca será a causa de nossos sentimentos, embora possa ser um estímulo para sentirmos algo. Começamos a sentir algo pela maneira como recebemos aquilo que os outros fazem e dizem, observando quais são nossas necessidades específicas naquele momento.

Considerando o mesmo exemplo, entendemos que a namorada poderia explicar sua verdadeira necessidade da seguinte forma: "Fiquei triste quando você não veio aqui em casa, porque eu queria conversar sobre nossa viagem". Assim, ela está atribuindo seu sentimento de tristeza à sua necessidade específica naquele momento, que era o desejo de conversar sobre a viagem.

A CNV demonstra que, ao conversarem sobre o que realmente necessitam em vez de atribuírem culpa ao outro pelos seus sentimentos, aumenta a possibilidade de as pessoas satisfazerem suas necessidades. O objetivo da CNV é que declaremos com clareza aquilo de que necessitamos, demonstrando aos nossos interlocutores que, do mesmo modo, nos preocupamos em satisfazer as necessidades deles.

6.1.4 Pedidos

O quarto e último elemento da CNV é o pedido. Depois de observarmos a situação e refletirmos sobre o que estamos sentindo e precisando, podemos solicitar ao outro que tome atitudes que satisfaçam nossas necessidades.

Para fazermos pedidos adequados, devemos utilizar uma linguagem positiva, pois pedidos negativos não demonstram clareza sobre o que realmente desejamos. Por exemplo, uma esposa relata que pediu ao seu marido que não trabalhasse durante a noite, mas não obteve sucesso em seu pedido, pois uma semana depois ele se inscreveu em um campeonato de futebol. A real necessidade da esposa era que o marido passasse as noites em casa com a família, mas ela não deixou isso claro em seu pedido, expressando apenas que gostaria que ele não trabalhasse durante a noite. No fim das contas, o marido acabou "trocando" as noites de trabalho pelo futebol.

Além de utilizarmos uma linguagem positiva, devemos evitar declarações vagas, abstratas ou ambíguas, elaborando nossos pedidos de maneira clara, sincera e com a indicação de ações concretas que o outro possa realizar. Não podemos esperar que o outro adivinhe qual é nossa real necessidade por trás daquilo que estamos pedindo. Assim, quanto mais claros formos a respeito do que queremos, maior será a probabilidade de alcançarmos nosso intento, mesmo que isso possa parecer constrangedor. Voltando ao exemplo anterior, entendemos que, para ver sua necessidade atendida, a esposa deveria ter utilizado uma linguagem clara, sincera, concreta e positiva, como no caso de: "Eu gostaria que deixasse de trabalhar à noite para passar as noites em casa conosco".

Na comunicação, mais importante do que o que foi dito é o que foi entendido pelo outro. Às vezes, dependemos de uma confirmação do outro para termos certeza de que falamos com clareza, e não é errado solicitar ao interlocutor que repita a mensagem para confirmar se ela foi passada da forma que desejamos. Entretanto, devemos deixar claro que, com isso, pretendemos apenas verificar se fomos suficientemente claros.

Outra questão importante é diferenciar pedidos de exigências. Para isso, é necessário verificar a reação de quem teve seu pedido negado. Se a pessoa reagir com aceitação, demonstrando empatia pelas necessidades do outro, então era, de fato, um pedido. Agora, se a pessoa reagir criticando ou julgando o outro em seguida, tratava-se de uma exigência. Vamos exemplificar essa situação com a conversa entre dois amigos:

Caio: – Lucas, você pode me ajudar com a mudança amanhã?

Lucas: – Caio, você sabe que tenho trabalhado muito e estou em semana de provas, então preciso ficar estudando até tarde hoje,. Acho que não conseguirei ajudá-lo com a mudança amanhã.

Exigência:

Caio: – Tudo bem, você só pensa em trabalho mesmo, nunca está disponível para seus amigos.

Pedido:

Caio: – Tudo bem, Lucas, você precisa focar nos estudos! Vou perguntar ao João se ele pode me ajudar. Boa sorte nas provas!

Ao identificar uma exigência, o interlocutor poderá criar resistência e não atender ao pedido ou, então, atender por medo de ser culpado, mas não de modo espontâneo.

Aqui, a questão não é aceitar tudo e desistir de satisfazer suas necessidades, mas demonstrar empatia também pelas necessidades do outro. Temos a tendência de entender a palavra *não* como uma rejeição, porém, quando o outro diz "não" em resposta ao nosso pedido, ele diz "sim" para alguma necessidade dele. Assim como a mediação e a conciliação, a CNV não pretende "mudar as pessoas e seu comportamento para conseguir o que se quer, mas estabelecer relacionamentos fundados na sinceridade e na empatia, que acabarão atendendo às necessidades de todos" (Rosenberg, 2021, p. 111).

6.1.5 Empatia

Vimos a primeira parte da CNV: expressar-se com sinceridade por meio da observação, da análise de sentimentos e necessidades e dos pedidos. Agora, analisaremos a segunda parte, que consiste em receber com empatia, por meio desses quatro elementos.

Muitas vezes nos solidarizamos com a dor do outro e tentamos aconselhar, encorajar, consolar e até compartilhar nossas próprias histórias e sentimentos, buscando auxiliá-lo, mas isso não é empatia. Às vezes, nosso interlocutor não deseja que efetivamente façamos algo, mas apenas que o escutemos. Vejamos a definição de *empatia* conforme Carl Rogers (citado por Rosenberg, 2021, p. 139):

> Quando [...] alguém realmente o escuta sem julgá-lo, sem tentar assumir a responsabilidade por você, sem tentar moldá-lo, a sensação é ótima! [...] Quando sinto que me dão atenção e quando me ouvem, consigo reformular a percepção do meu mundo de uma maneira nova e seguir em frente. Quando se é escutado, é espantoso como coisas que parecem insolúveis se tornam solúveis, como confusões que parecem irremediáveis viram riachos relativamente claros.

Ter empatia significa compreender com respeito, sem rótulos, análises ou julgamentos, aquilo que o outro está passando. Para isso, é preciso escutá-lo profundamente, com calma e paciência, esvaziar a mente e prestar atenção somente em suas observações, seus sentimentos, suas necessidades e seus pedidos, oferecendo um espaço de acolhimento e compaixão. Segundo Rosenberg (2021, p. 181), "quanto mais escutarmos os outros, mais eles nos escutarão". A fala empática evita atribuir culpa, reclamar, ameaçar, provocar sentimento de vergonha ou fazer uma exigência. Falar com empatia consiste em relatar somente o fato, separando as pessoas do problema e revelando nossos sentimentos e nossas necessidades.

6.2 Estratégias de comunicação na mediação e na conciliação

O trabalho dos mediadores e conciliadores é facilitar o diálogo entre os interessados. Essa facilitação requer praticamente uma tradução da mensagem das partes, a fim de extrair quais são suas reais necessidades. O mediador e o conciliador conseguirão identificá-las por meio das técnicas que estamos abordando aqui, ainda que a mensagem não manifeste explicitamente uma necessidade, pois muitas vezes se apresentará na forma de silêncio, negação, julgamento, gestos ou pedidos. Segundo o *Manual de mediação judicial*, do Conselho Nacional de Justiça,

> Na prática, um mediador experiente não pensa em termos de "quem errou em que ocasião?" mas em "quais questões precisam ser abordadas para que as partes restem satisfeitas? quais interesses reais as partes possuem? O que há de positivo nesse conflito que as partes ainda não conseguiram identificar em razão do enfoque negativo que ainda tem dessa relação conflituosa? Qual abordagem utilizarei para estimular as partes a recontextualizarem esse conflito?" (Azevedo, 2016, p. 205)

6.2.1 *Rapport*

A expressão *rapport* tem origem no verbo francês *rapporter*, que significa "trazer de volta". Quando falamos em estabelecer o *rapport*, trata-se de estabelecer uma relação de confiança e harmonia, criando um espaço adequado para uma conversa efetiva. Para isso, devemos ser claros, objetivos, seguros, afirmativos, flexíveis e adotar uma postura empática e acolhedora, deixando as partes à vontade.

O estabelecimento do *rapport* começa na declaração de abertura. No Capítulo 3, estudamos as etapas da mediação e da conciliação e vimos que a declaração de abertura é a etapa inicial, na qual o facilitador se apresenta e explica às partes como funciona o procedimento. Esse é o momento crucial para se estabelecer o *rapport*, pois a apresentação deve ser acolhedora e cordial. Em seguida, o facilitador deve perguntar como as partes preferem ser chamadas. Sempre devemos pensar como nos sentiríamos no lugar das pessoas com quem estamos falando. O mediador ou conciliador é um exemplo para as partes, um modelo de como estas devem se comportar. Portanto, se formos atenciosos e compreensivos e propiciarmos um ambiente adequado e de cooperação, estimularemos as partes a agir dessa forma também.

6.2.2 Normalização e despolarização

Os conflitos são naturais, inerentes às relações humanas e podem gerar mudanças positivas nas relações interpessoais. Assim, devemos enfatizar isso para as partes, normalizando o conflito. Podemos, ainda, "decompor" a situação que nos foi apresentada, separando-a em tópicos, o que traz para as partes uma organização mental e uma sensação maior de possibilidade de solução. Aliás, os tópicos podem ser escritos em um quadro, por exemplo, facilitando a visualização por parte de todos.

Também é importante informar às partes que, na mediação e na conciliação, não existe polarização. Não será necessário que uma delas renuncie ao seu interesse para atender ao do outro. O que buscamos é uma solução conjunta que satisfaça as necessidades de ambos. Demonstraremos que existem interesses em comum que estão mascarados por falhas de comunicação.

6.2.3 Validação de sentimentos

Como mediadores e/ou conciliadores, devemos demonstrar preocupação com os sentimentos dos interessados. A preocupação com os sentimentos das partes e a imparcialidade devem andar em equilíbrio: precisamos atuar com imparcialidade, mas não com frieza, isto é, devemos nos aproximar das partes e nos mostrar acessíveis.

Essa preocupação com os sentimentos deve ocorrer justamente para buscar identificar as reais necessidades das partes, ou seja, o que está provocando aquele sentimento. Embora o mediador, como ser humano, possa se identificar mais com o sentimento de um ou outro, isso não pode influenciar sua imparcialidade.

6.2.4 Afago ou reforço positivo

Quando a participação das partes está sendo ativa e produtiva, podemos nos manifestar de maneira positiva a respeito desse comportamento, demonstrando sua importância e estimulando as pessoas para que continuem assim.

6.2.5 Silêncio

O silêncio também é uma ferramenta. Por vezes, a parte que está em silêncio pode estar refletindo e ponderando opções. Como facilitadores, também podemos ficar em silêncio em momentos apropriados, quando pretendemos, justamente, que as partes reflitam sobre determinada questão.

6.2.6 Reformulação ou recontextualização

Aqui está, claramente, o papel de tradutor que o facilitador assume na mediação e/ou na conciliação. Depois de ouvir o que as partes disseram, devemos resumir o que foi dito, mas com nossas palavras e em uma nova perspectiva, positiva e neutra. Por exemplo, se uma das partes afirma "Fulano é um idiota!", podemos recontextualizar essa fala dizendo "Você quer dizer que gostaria que fulano fosse mais inteligente?".

A CNV ensina que, quando as pessoas transmitem mensagens com forte carga emocional, desejam que se repita o que disseram. Além disso, quando uma pessoa pergunta se a outra compreendeu o que ela quis dizer, é melhor ouvir uma paráfrase do que uma resposta fechada como "Sim, compreendi".

Uma forma de recontextualização pode ser a dramatização. Dramatizar nada mais é do que se colocar no lugar do outro. Assim, podemos perguntar ao interessado se ele nos autoriza a desempenhar seu papel, dirigindo-nos a ele periodicamente para conferir se estamos indo bem.

Na mesma linha de raciocínio, podemos propor às partes a inversão de papéis, sugerindo aos interessados que se coloquem uns no lugar dos outros, o que pode ocorrer em reunião conjunta ou em reuniões individuais. Essa estratégia estimula o desenvolvimento de alteridade e empatia.

6.2.7 Interrupções

Se o procedimento não estiver fluindo ou se as partes se exaltarem e for necessário retomar o controle, precisaremos interromper a sessão para restaurar o procedimento. Nessa oportunidade, devemos relembrar aquilo que combinamos na declaração de abertura, frisando, especialmente, que as partes concordaram com o período de fala individual de cada um e que cada um terá seu momento para falar.

6.2.8 Identificação de propostas

Geralmente, um conciliador assume uma postura mais ativa, podendo formular propostas de acordo, ao passo que o mediador adota uma postura mais passiva, atuando para que as partes cheguem a um acordo sozinhas. De qualquer forma, tanto o mediador quanto o conciliador podem auxiliar as partes na identificação de possíveis propostas mediante perguntas, incentivando sua criatividade, como neste exemplo: "Nesta situação, o que você acha que funcionaria?".

Também podemos utilizar o chamado *teste de realidade*, aplicando valores e critérios objetivos para ajudar as partes a verificar se a proposta escolhida é plausível. Por exemplo, se o procedimento envolve uma questão de divórcio e pagamento de pensão alimentícia, devemos considerar qual é a renda do pai e se seus compromissos financeiros estão em conformidade com a proposta de acordo apresentada. Caso contrário, é provável que o acordo não seja cumprido e as partes retornem ao estado de insatisfação anterior.

Para saber mais

A leitura da obra a seguir é imprescindível para quem deseja aprimorar seus conhecimentos sobre o assunto tratado neste capítulo.

ROSENBERG, M. B. **Comunicação não violenta**: técnicas para aprimorar relacionamentos pessoais e profissionais. 5. ed. São Paulo: Ágora, 2021.

Consultando a legislação

BRASIL. Constituição (1988). **Diário Oficial da União**, Brasília, 5 out. 1988. Disponível em: <https://www.planalto.gov.br/ccivil_03/constituicao/constituicao.htm>. Acesso em: 28 mar. 2023.

BRASIL. Lei n. 13.105, de 16 de março de 2015. **Diário Oficial da União**, Poder Legislativo, Brasília, DF, 17 mar. 2015. Disponível em: <https://www.planalto.gov.br/ccivil_03/_ato2015-2018/2015/lei/l13105.htm>. Acesso em: 15 mar. 2023.

BRASIL. Lei n. 13.140, de 26 de junho de 2015. **Diário Oficial da União**, Poder Legislativo, Brasília, DF, 29 jun. 2015. Disponível em: <https://www.planalto.gov.br/ccivil_03/_ato2015-2018/2015/lei/l13140.htm>. Acesso em: 28 mar. 2023.

CNJ – Conselho Nacional de Justiça. Resolução n. 125, de 29 de novembro de 2010. **Diário da Justiça**, Brasília, DF, 1º out. 2010. Disponível em: <https://atos.cnj.jus.br/atos/detalhar/156>. Acesso em: 28 mar. 2023.

Síntese

Neste capítulo, analisamos as técnicas de comunicação que podem ser utilizadas no contexto da mediação e da conciliação, especialmente o método da comunicação não violenta (CNV), que é baseada em habilidades de inteligência emocional, com foco em agir com consciência, sinceridade, clareza, imparcialidade e compaixão para ligar-se a si mesmo e aos outros. Esclarecemos que a CNV está dividida em duas partes: expressar-se com sinceridade e receber com empatia, por meio de seus quatro elementos (observação, sentimentos, necessidades e pedidos). Primeiramente, é necessário observarmos o que está acontecendo, sem julgar ou avaliar. Depois, devemos verificar como estamos nos sentindo ao observar aquela situação (magoados, tristes, assustados, irritados etc.). Em seguida, buscamos reconhecer quais de nossas necessidades estão ligadas aos sentimentos que identificamos e, por fim, fazemos um pedido que enfoca o que queremos da outra pessoa. Também devemos perceber o que nosso interlocutor observa, sente e precisa para descobrir o que ele poderia nos pedir.

Na sequência, discutimos as principais estratégias de comunicação utilizadas na mediação e na conciliação: *rapport*, normalização e despolarização, validação de sentimentos, afago ou reforço positivo, silêncio, reformulação ou recontextualização, interrupções e identificação de propostas.

Concluímos que o trabalho dos mediadores e conciliadores consiste, praticamente, na tradução da mensagem das partes para extrair quais são suas reais necessidades e destacamos que essa identificação somente será possível se colocarmos em prática as técnicas aprendidas.

QUESTÕES PARA REVISÃO

1) O que é observar sem julgar ou avaliar?
2) Como podemos estabelecer *rapport* em uma sessão de mediação ou conciliação?
3) De acordo com a comunicação não violenta:

   I. Devemos evitar julgamentos.
   II. Aquilo que os outros fazem e dizem para nós nunca será a causa de nossos sentimentos.
   III. Revelar nossa vulnerabilidade, demonstrando nossos sentimentos, pode auxiliar na resolução de conflitos.

   É correto o que se afirma em:

   a. I, apenas.
   b. I e II, apenas.
   c. I e III, apenas.
   d. I, II e III.
   e. Nenhuma das afirmativas está correta.

4) Identifique se as frases a seguir constituem observações (O) ou avaliações (A).
   ( ) Minha mãe trabalha demais.
   ( ) Meu filho é relaxado.
   ( ) Paulo estava mexendo no celular durante a reunião.
   ( ) Marcos nunca faz o que eu peço.

   Agora, assinale a alternativa que indica corretamente a sequência obtida:

   a. A, A, O, A.
   b. O, A, O, A.

c. O, A, O, O.
d. O, O, O, O.
e. A, A, A, A.

5) Analise as afirmações a seguir e identifique aquelas que demonstram que a pessoa assume a responsabilidade por seus sentimentos.

I. Estou triste porque você não virá para Curitiba no feriado; eu estava esperando que pudéssemos passar um tempo juntos.
II. Estou desmotivado porque eu gostaria de ter vencido o campeonato de xadrez.
III. Você me irrita quando faz essas brincadeiras.

É correto o que se afirma em:

a. I, apenas.
b. I e II, apenas.
c. I e III, apenas.
d. I, II e III.
e. Nenhuma das afirmativas está correta.

Questões para reflexão

1) Reflita sobre alguma técnica de comunicação não violenta que você costuma praticar ou já praticou. Se você ainda não pratica esse tipo de técnica, indico que você escolha uma e comece a aplicá-la. Com certeza você verá resultados!

2) Além das técnicas de comunicação elencadas neste capítulo, existem outras que você costuma praticar? Se sim, quais são elas? Caso sua resposta seja negativa, pesquise e reflita sobre outras possíveis técnicas de comunicação.

considerações finais

Nesta obra, analisamos as competências a serem desenvolvidas por mediadores e conciliadores em sua atuação, sempre procurando apresentar uma visão crítica sobre a necessidade de mudança de mentalidade a respeito do acesso à justiça consubstanciado na aplicação dos métodos adequados de solução de conflitos.

Para além da questão jurídica, o mediador e o conciliador precisam identificar o aspecto sociológico dos conflitos a fim de levá-los a uma solução efetiva. Portanto, o trabalho dos mediadores e conciliadores consiste, praticamente, na tradução da mensagem das partes para extrair quais são suas reais necessidades. Essa tradução se faz por meio das técnicas de negociação e comunicação que abordamos aqui, as quais são baseadas em habilidades de inteligência emocional (autoconhecimento e empatia), consciência, sinceridade, clareza, imparcialidade e compaixão. Além disso, o mediador e o conciliador devem obedecer a princípios éticos e a regras de conduta pautadas na promoção do bem-estar social.

Destacamos que os métodos autocompositivos já estavam previstos na legislação brasileira desde 1603, mas foram abandonados no decorrer do tempo e retomados, aos poucos, após a promulgação da Constituição Federal de 1988. O grande marco histórico de positivação dos métodos adequados de solução de conflitos foi a Resolução n. 125/2010 do Conselho Nacional de Justiça (CNJ), que organizou uma Política Judiciária Nacional de Tratamento Adequado dos Conflitos de Interesses no âmbito do Poder Judiciário, com o objetivo de promover a conscientização social e a mudança de mentalidade sobre o acesso à justiça.

Atualmente, o Poder Judiciário consiste em um centro de solução de conflitos com "múltiplas portas" disponíveis às partes, por isso a capacitação dos mediadores e conciliadores é fundamental para direcioná-las ao procedimento que melhor atenda às suas necessidades e aos seus interesses.

Esperamos que esta obra possa contribuir para a difusão de tais informações, em busca de uma mudança contínua da cultura brasileira do litígio para uma cultura de pacificação, pautada no exercício da cidadania e da democracia, para que o acesso à justiça seja efetivado da maneira mais adequada possível em cada caso concreto, com o desenvolvimento de convivência voltada à busca pela paz social.

ASSUMPÇÃO, C. P. de A.; YAZBEK, V. C. Justiça restaurativa: um conceito em desenvolvimento. In: PAULINO, R. S. (Org.). **Justiça restaurativa em ação**: práticas e reflexões. São Paulo: Dash, 2014.

AZEVEDO, A. G. de. (Org.). **Manual de mediação judicial**. 6. ed. Brasília, DF: CNJ, 2016.

BACELLAR, R. P. **Mediação e arbitragem**. São Paulo: Saraiva, 2012.

BRAGA NETO, A. et al. **Negociação, mediação, conciliação e arbitragem**: curso de métodos adequados de solução de controvérsias. Coordenação de Carlos Alberto de Salles, Marco Antônio Garcia Lopes Lorencini e Paulo Eduardo Alves da Silva. 4. ed. Rio de Janeiro: Forense, 2021.

BRASIL. Câmara dos Deputados. Projeto de Lei n. 9.444, de 19 de dezembro de 2017. Dispõe sobre a inclusão da Constelação Sistêmica como um instrumento de mediação entre particulares, a fim de assistir à solução de controvérsias. Disponível em: <https://www.camara.leg.br/proposicoesWeb/prop_mostrarintegra;jsessionid=node0f85hv4taz0ni11nfm0bo70nqg5707520.node0?codteor=1635223&filename=PL+9444/2017>. Acesso em: 28 mar. 2023.

BRASIL. Constituição (1824). **Coleção das Leis do Império do Brasil**, Rio de Janeiro, p. 7, v. 1, 1824. Disponível em: <https://www.planalto.gov.br/ccivil_03/constituicao/constituicao24.htm>. Acesso em: 28 mar. 2023.

BRASIL. Constituição (1988). **Diário Oficial da União**, Brasília, 5 out. 1988. Disponível em: <https://www.planalto.gov.br/ccivil_03/constituicao/constituicao.htm>. Acesso em: 28 mar. 2023.

BRASIL. Decreto n. 737, de 25 de novembro de 1850. **Coleção das Leis do Império do Brasil**, Poder Executivo, Rio de Janeiro, v. 1, p. 271, 1850.

Disponível em: <https://www.planalto.gov.br/ccivil_03/decreto/historicos/dim/dim0737.htm>. Acesso em: 28 mar. 2023.

BRASIL. Decreto n. 359, de 26 de abril de 1890. **Coleção das Leis do Império do Brasil**, Poder Executivo, Rio de Janeiro, 26 abr. 1890. Disponível em: <https://www.planalto.gov.br/ccivil_03/decreto/1851-1899/d359.htm>. Acesso em: 28 mar. 2023.

BRASIL. Decreto-Lei n. 2.848, de 7 de dezembro de 1940. **Diário Oficial da União**, Poder Executivo, Brasília, DF, 31 dez. 1940. Disponível em: <https://www.planalto.gov.br/ccivil_03/decreto-lei/Del2848compilado.htm>. Acesso em: 28 mar. 2023.

BRASIL. Decreto-Lei n. 5.452, de 1º de maio de 1943. **Diário Oficial da União**, Poder Executivo, Rio de Janeiro, 9 ago. 1943. Disponível em: <https://www.planalto.gov.br/ccivil_03/decreto-lei/del5452.htm>. Acesso em: 28 mar. 2023.

BRASIL. Lei de 15 de outubro de 1827. **Coleção das Leis do Império do Brasil**, Poder Legislativo, Rio de Janeiro, 15 out. 1827. Disponível em: <https://www.planalto.gov.br/ccivil_03/leis/lim/LIM.-15-10-1827.htm>. Acesso em: 28 mar. 2023.

BRASIL. Lei n. 5.869, de 11 de janeiro de 1973. **Diário Oficial da União**, Poder Executivo, Brasília, DF, 11 jan. 1973. Disponível em: <https://www.planalto.gov.br/ccivil_03/leis/l5869.htm>. Acesso em: 28 mar. 2023.

BRASIL. Lei n. 6.515, de 26 de dezembro de 1977. **Diário Oficial da União**, Poder Legislativo, Brasília, DF, 27 dez. 1977. Disponível em: <http://www.planalto.gov.br/ccivil_03/leis/l6515.htm>. Acesso em: 28 mar. 2023.

BRASIL. Lei n. 8.069, de 13 de julho de 1990. **Diário Oficial da União**, Poder Legislativo, Brasília, DF, 16 jul. 1990a. Disponível em: <https://www.planalto.gov.br/ccivil_03/leis/l8069.htm>. Acesso em: 28 mar. 2023.

BRASIL. Lei n. 8.078, de 11 de setembro de 1990. **Diário Oficial da União**, Poder Legislativo, Brasília, DF, 12 set. 1990b. Disponível em: <https://www.planalto.gov.br/ccivil_03/leis/l8078compilado.htm>. Acesso em: 28 mar. 2023.

BRASIL. Lei n. 9.099, de 26 de setembro de 1995. **Diário Oficial da União**, Poder Legislativo, Brasília, DF, 27 set. 1995. Disponível em: <https://www.planalto.gov.br/ccivil_03/leis/l9099.htm>. Acesso em: 28 mar. 2023.

BRASIL. Lei n. 9.307, de 23 de setembro de 1996. **Diário Oficial da União**, Poder Legislativo, Brasília, DF, 24 set. 1996. Disponível em: <https://www.planalto.gov.br/ccivil_03/leis/l9307.htm>. Acesso em: 28 mar. 2023.

BRASIL. Lei n. 10.259, de 12 de julho de 2001. **Diário Oficial da União**, Poder Executivo, Brasília, DF, 13 jul. 2001. Disponível em: <https://www.

planalto.gov.br/ccivil_03/leis/leis_2001/l10259.htm>. Acesso em: 28 mar. 2023.

BRASIL. Lei n. 10.406, de 10 de janeiro de 2002. **Diário Oficial da União**, Poder Legislativo, Brasília, DF, 11 jan. 2002. Disponível em: <https://www.planalto.gov.br/ccivil_03/leis/2002/l10406compilada.htm>. Acesso em: 28 mar. 2023.

BRASIL. Lei n. 12.153, de 22 de dezembro de 2009. **Diário Oficial da União**, Poder Legislativo, Brasília, DF, 23 dez. 2009. Disponível em: <https://www.planalto.gov.br/ccivil_03/_ato2007-2010/2009/lei/l12153.htm>. Acesso em: 28 mar. 2023.

BRASIL. Lei n. 12.850, de 2 de agosto de 2013. **Diário Oficial da União**, Poder Legislativo, Brasília, DF, 5 ago. 2013. Disponível em: <https://www.planalto.gov.br/ccivil_03/_ato2011-2014/2013/lei/l12850.htm>. Acesso em: 28 mar. 2015.

BRASIL. Lei n. 13.105, de 16 de março de 2015. **Diário Oficial da União**, Poder Legislativo, Brasília, DF, 17 mar. 2015a. Disponível em: <https://www.planalto.gov.br/ccivil_03/_ato2015-2018/2015/lei/l13105.htm>. Acesso em: 15 mar. 2023.

BRASIL. Lei n. 13.129, de 26 de maio de 2015. **Diário Oficial da União**, Poder Legislativo, Brasília, DF, 27 maio. 2015b. Disponível em: <https://www.planalto.gov.br/ccivil_03/_ato2015-2018/2015/lei/l13129.htm>. Acesso em: 15 mar. 2023.

BRASIL. Lei n. 13.140, de 26 de junho de 2015. **Diário Oficial da União**, Poder Legislativo, Brasília, DF, 29 jun. 2015c. Disponível em: <https://www.planalto.gov.br/ccivil_03/_ato2015-2018/2015/lei/l13140.htm>. Acesso em: 28 mar. 2023.

BRASIL. Ministério das Cidades. Conselho das Cidades. Resolução Recomendada n. 87, de 8 de dezembro de 2009. **Diário Oficial da União**, Brasília, DF, 25 maio 2010. Disponível em: <https://urbanismo.mppr.mp.br/arquivos/File/resolucao_87_2009_concidades.pdf>. Acesso em: 28 mar. 2023.

BRASIL. Poder Judiciário. Justiça do Trabalho. Conselho Superior da Justiça do Trabalho. Resolução CSJT n. 174, de 30 de setembro de 2016. **Diário Eletrônico da Justiça do Trabalho**, Brasília, DF, 5 out. 2016. Disponível em: <https://www.csjt.jus.br/c/document_library/get_file?uuid=235e3400-9476-47a0-8bbb-bccacf94fab4&groupId=955023>. Acesso em: 28 mar. 2023.

CNJ – Conselho Nacional de Justiça. **Justiça em números 2022**. Brasília: CNJ, 2022. Disponível em: <https://www.cnj.jus.br/wp-content/

uploads/2022/09/justica-em-numeros-2022-1.pdf>. Acesso em: 28 mar. 2023.

CNJ – Conselho Nacional de Justiça. Resolução n. 125, de 29 de novembro de 2010. **Diário da Justiça**, Brasília, DF, 1º out. 2010. Disponível em: <https://atos.cnj.jus.br/atos/detalhar/156>. Acesso em: 28 mar. 2023.

CNJ – Conselho Nacional de Justiça. Resolução n. 225, de 31 de maio de 2016. **Diário da Justiça**, Brasília, DF, 2 jun. 2016. Disponível em: <https://atos.cnj.jus.br/atos/detalhar/2289>. Acesso em: 28 mar. 2023.

CNJ – Conselho Nacional de Justiça. Resolução n. 271, de 11 de dezembro de 2018. **Diário da Justiça**, Brasília, DF, 12 dez. 2018. Disponível em: <https://atos.cnj.jus.br/atos/detalhar/2289>. Acesso em: 28 mar. 2023.

CONFLITO. In: **Michaelis**: dicionário brasileiro da língua portuguesa. Disponível em: <https://michaelis.uol.com.br/busca?r=0&f=0&t=0&palavra=conflito>. Acesso em: 28 mar. 2023.

CONIMA – Conselho Nacional das Instituições de Mediação e Arbitragem. **Código de Ética para Mediadores**. Disponível em: <https://conima.org.br/mediacao/codigo-de-etica-para-mediadores/>. Acesso em: 28 mar. 2023.

DAGHER, C. A. Como a Nova Zelândia tem inspirado os passos da justiça penal brasileira. **Canal Ciências Criminais**, 2020. Disponível em: <https://canalcienciascriminais.com.br/como-a-nova-zelandia-tem-inspirado-os-passos-da-justica-penal-brasileira/>. Acesso em: 28 mar. 2023.

DEMARCHI, J. **Mediação proposta de implementação no processo civil brasileiro**. 317 f. Tese (Doutorado em Direito Processual Civil) – Faculdade de Direito da Universidade de São Paulo, São Paulo, 2007. Disponível em: <https://www.teses.usp.br/teses/disponiveis/2/2137/tde-01042008-132345/publico/MEDIACAO_VERSAO_COMPLETA.pdf>. Acesso em: 28 mar. 2023.

FANTE, C. A. Z. **Fenômeno bullying**: como prevenir a violência nas escolas e educar para a paz. Campinas: Versus, 2005.

FERRAZ, E. **Negocie qualquer coisa com qualquer pessoa**. São Paulo: Gente, 2015.

FISHER, R.; URY, W.; PATTON, B. **Como chegar ao sim**: como negociar acordos sem fazer concessões. Rio de Janeiro: Sextante, 2018.

FONAME – Fórum Nacional de Mediação. **Código de Ética para Mediadores do Fórum Nacional de Mediação**. 2015. Disponível em: <https://fonamecombr.files.wordpress.com/2015/10/cc3b3digo-de-c3a9tica.pdf>. Acesso em: 28 mar. 2023.

FREITAS, T. **Como o Mercado Livre atingiu 98,9% de "desjudicialização" na resolução de conflitos**. 2019. Disponível em:

<https://www.startse.com/noticia/nova-economia/mercado-livre-odr-resolucao-conflito>. Acesso em: 28 mar. 2023.

GANDHI, A. Prefácio. In: ROSENBERG, M. B. **Comunicação não violenta**: técnicas para aprimorar relacionamentos pessoais e profissionais. 5. ed. São Paulo: Ágora, 2021.

GORETTI, R. **Gestão adequada de conflitos**. Salvador: JusPodivm, 2019.

HELLINGER, B. **A simetria oculta do amor**: por que o amor faz os relacionamentos darem certo. São Paulo: Cultrix, 2006.

LIMA, G. V.; FEITOSA, G. R. P. Online dispute resolution (ODR): a solução de conflitos e as novas tecnologias. **Revista do Direito**, Santa Cruz do Sul, v. 3, n. 50, p. 53-70, set. 2016.

LUCHIARI, V. F. L. **Curso de formação de instrutores**: negociação, mediação e conciliação. Brasília: Enapres, 2020.

MINISTRO dá receita para advogado do futuro: "resolve sem propor ação". **Migalhas**, 11 mar. 2021. Disponível em: <https://www.migalhas.com.br/quentes/341649/ministro-da-receita-para-advogado-do-futuro resolve-sem-propor-acao>. Acesso em: 28 mar. 2023.

NAÇÕES UNIDAS. **Declaração do Rio sobre Meio Ambiente e Desenvolvimento**. Rio de Janeiro: Cnumad, 1992. Disponível em: <https://www.ana.gov.br/AcoesAdministrativas/RelatorioGestao/Rio10/Riomaisdez/documentos/1752-Declaracadorio.wiz>. Acesso em: 28 mar. 2023.

RENNÓ, L. O Brasil precisa desenvolver uma cultura de resolução extrajudicial de disputas. **Consultor Jurídico**, 4 jun. 2020. Disponível em: <https://www.conjur.com.br/2020-jun-04/leandro-renno-necessidade-resolucao-extrajudicial-disputas>. Acesso em: 28 mar. 2023.

ROSENBERG, M. B. **Comunicação não violenta**: técnicas para aprimorar relacionamentos pessoais e profissionais. 5. ed. São Paulo: Ágora, 2021.

SANTOS, M. L. dos. **Socioeducação**: introdução à justiça restaurativa. Curitiba: Contentus, 2020.

ZEHR, H. **Trocando as lentes**: justiça restaurativa para o nosso tempo. 4. ed. São Paulo: Palas Athenas, 2020.

Capítulo 1

Questões para revisão

1. O conceito de sistema multiportas teve origem na Universidade de Harvard, a partir da concepção do professor de direito Frank Sander de um sistema jurídico com diversas opções de tratamento para os conflitos da sociedade (*Multi-Door Courthouse System*). Ou seja, o Poder Judiciário consiste em um centro de solução de conflitos com "múltiplas portas" disponíveis às partes e com pessoas capacitadas para direcioná-las ao procedimento que melhor atenda às suas necessidades e aos seus interesses.

2. A autotutela é aquilo a que popularmente nos referimos como "fazer justiça pelas próprias mãos", ou seja, resolver o conflito com as próprias forças. Por sua vez, a autocomposição é a forma com que as próprias partes encontram uma solução amigável para seu conflito. É aqui que entram a mediação, a conciliação, a negociação, a justiça restaurativa e as constelações.

3. e

   É falso que a autotutela não é permitida na legislação brasileira: existem raras exceções de autotutela permitidas pela lei, como é o caso

---

* Todas as fontes citadas nesta seção constam na lista final de referências.

do art. 1.210 do Código Civil, que se refere à reintegração de posse. A mediação e a conciliação são exemplos de autocomposição, e não de heterocomposição. É verdadeiro que, na arbitragem, as partes escolhem uma pessoa (árbitro) que analisará o conflito e tomará uma decisão, de modo similar à solução jurisdicional.

4. d

É possível utilizar a mediação e a conciliação nos processos de arbitragem, de acordo com o art. 21, parágrafo 4º, da Lei de Arbitragem e com o art. 16 da Lei de Mediação. A arbitragem não é uma forma de solução jurisdicional, mas uma forma de solução heterocompositva autônoma; embora similar, é diversa da solução jurisdicional. Sim, a sentença arbitral é irrecorrível.

5. a

A negociação é uma das principais competências a serem desenvolvidas pelos mediadores e conciliadores. A mediação e a conciliação são métodos muito similares; já a mediação e a arbitragem são diferentes, pois a primeira é um método autocompositivo, e a segunda é um método heterocompositivo. Por fim, as constelações não são regulamentadas na legislação brasileira, ao passo que a justiça restaurativa já está regulamentada.

Questões para reflexão

1. A leitura da íntegra do Capítulo 1 auxiliará em sua reflexão.
2. A leitura do Capítulo 1 e da Seção 2.1 (Capítulo 2) auxiliará em sua reflexão.

Capítulo 2

Questões para revisão

1. As atribuições dos Nupemecs estão dispostas no art. 7º da Resolução n. 125/2010 do CNJ: (a) planejar, implementar, manter e aperfeiçoar as ações voltadas ao cumprimento da Política Judiciária Nacional de Tratamento Adequado dos Conflitos de Interesses e suas metas; (b) atuar na interlocução com outros tribunais e com entidades públicas e

privadas parceiras; (c) instalar Centros Judiciários de Solução de Conflitos; (d) incentivar ou promover capacitação, treinamento e atualização permanente de magistrados, servidores, conciliadores e mediadores; (e) propor aos tribunais a realização de convênios e parcerias com entes públicos e privados; (f) criar e manter cadastro de mediadores e conciliadores; (g) regulamentar, se for o caso, a remuneração de conciliadores e mediadores.

2. Os mediadores judiciais devem ser juridicamente capazes, graduados há pelo menos dois anos em curso de ensino superior de instituição reconhecida pelo Ministério da Educação e ter obtido "capacitação em escola ou instituição de formação de mediadores, reconhecida pela Escola Nacional de Formação e Aperfeiçoamento de Magistrados – ENFAM ou pelos tribunais, observados os requisitos mínimos estabelecidos pelo Conselho Nacional de Justiça em conjunto com o Ministério da Justiça" (art. 11, Lei de Mediação, Brasil, 2015c). Os conciliadores judiciais, por sua vez, não precisam cumprir o requisito de graduação há pelo menos dois anos em curso de ensino superior, mas também devem passar por uma capacitação específica estabelecida pelo Conselho Nacional de Justiça (CNJ). O principal requisito para ser um conciliador ou mediador judicial é, portanto, a capacitação técnica, conforme prevê o Anexo I da Resolução n. 125/2010 do CNJ.

3. a

A organização de um programa a fim de promover ações de incentivo à autocomposição de litígios e à pacificação social por meio da conciliação e da mediação é uma atribuição do CNJ.

4. b

A realização ou gestão das sessões e audiências de conciliação e mediação que estejam a cargo de conciliadores e mediadores, bem como o atendimento e a orientação ao cidadão são atribuições dos Cejuscs.

5. b

A primeira afirmativa é falsa, pois criar e manter um cadastro de mediadores e conciliadores é uma atribuição dos Núcleos Permanentes de

Métodos Consensuais de Solução de Conflitos (Nupemecs). A segunda e a terceira afirmativas são verdadeiras, pois os Cejuscs têm três setores: pré-processual, processual e de cidadania, e o setor de cidadania presta serviços de informação e orientação jurídica.

Questões para reflexão

1. Para auxiliar na reflexão, leia a Seção 2.1.
2. Não há uma resposta correta. A pergunta visa estimular a pesquisa e a reflexão sobre os Cejuscs da comarca onde o leitor reside.

Capítulo 3

Questões para revisão

1. Existem três diferenças importantes: a primeira diz respeito à atuação dos terceiros facilitadores, pois, conforme a legislação e a doutrina, o conciliador pode propor soluções concretas às partes, ao passo que o mediador apenas colabora para que as próprias partes formulem um possível acordo. A segunda diferença entre os métodos é relativa ao vínculo das partes, pois a conciliação é indicada para casos em que não há vínculo anterior, e a mediação é indicada para casos em que há vínculo (familiar, empresarial ou trabalhista, por exemplo) entre as partes. Essa diferenciação, porém, sofre algumas críticas por não ser funcional. Isso porque, existindo ou não vínculo anterior, o objetivo de ambos os métodos é o restabelecimento do diálogo para que se chegue a uma solução adequada. Por fim, a terceira diferença é que a mediação é um procedimento e tem lei específica que a regulamenta (Lei n. 13.140/2015).

2. No caso dos mediadores e conciliadores extrajudiciais, não há necessidade de realização de um curso específico; basta ser indicado pelas partes e obter sua confiança, bem como ser devidamente capacitado (a forma de capacitação também pode ser escolhida pelo próprio mediador).

3. b

   A afirmativa III está incorreta, pois o papel do mediador e/ou conciliador é estimular as partes a falar sobre o conflito e, por meio de perguntas, identificar os interesses umas das outras, buscando possíveis pontos em comum, sem interferir no mérito da demanda.

4. a

(1) Escola tradicional ou de Harvard: o mediador atua como facilitador do diálogo; (2) mediação circular narrativa: o mediador utiliza muitas técnicas de comunicação; (3) mediação transformadora: o mediador age como um motivador da participação dos interessados; (4) mediação avaliativa: o mediador manifesta suas opiniões.

5. b

O mediador judicial não fica sujeito à aceitação das partes.

Questões para reflexão

1. Não há uma resposta correta. A pergunta visa estimular a pesquisa e a reflexão sobre outras possíveis áreas de utilização da mediação e da conciliação.

2. Para auxiliar na reflexão, leia a Seção 3.5.2.

Capítulo 4

Questões para revisão

1. Nesse caso, o mediador deve se declarar impedido, uma vez que aos mediadores e conciliadores aplicam-se os mesmos motivos de impedimento e suspeição dos juízes, e essa é uma hipótese de impedimento, nos termos do art. 144, inciso V, do Código de Processo Civil: "Art. 144. Há impedimento do juiz, sendo-lhe vedado exercer suas funções no processo: [...] V – quando for sócio ou membro de direção ou de administração de pessoa jurídica parte no processo" (Brasil, 2015a).

2. Nesse caso, o conciliador deve declarar-se suspeito, uma vez que aos mediadores e conciliadores aplicam-se os mesmos motivos de impedimento e suspeição dos juízes, e essa é uma hipótese de suspeição, nos termos do art. 145, inciso V, do Código de Processo Civil: "Art. 145. Há suspeição do juiz: I– amigo íntimo ou inimigo de qualquer das partes ou de seus advogados" (Brasil, 2015a).

3. b

Consoante o princípio da imparcialidade, os terceiros facilitadores não devem fornecer qualquer tratamento diverso, que caracterize favoritismo, preferência ou preconceito, a uma das partes. Além disso, é proibida a aceitação de favores ou presentes.

4. e

De acordo com o princípio da decisão informada, os mediadores e conciliadores têm o "dever de manter o jurisdicionado plenamente informado quanto aos seus direitos e ao contexto fático no qual está inserido" (art. 1º, II, Código de Ética de Conciliadores e Mediadores Judiciais).

5. d

Nos procedimentos de mediação e conciliação, os interessados são os principais agentes de solução do conflito. Os mediadores e conciliadores atuam como facilitadores do diálogo, mas são as partes que têm o poder de gerir o próprio conflito e tomar as próprias decisões. Esse poder é chamado de *autodeterminação* e se traduz no princípio do empoderamento.

Questões para reflexão

1. Não há uma resposta correta. A questão visa estimular a reflexão sobre os princípios éticos dos mediadores e conciliadores.

2. Não há uma resposta correta. A questão visa estimular a reflexão sobre as regras de conduta norteadoras da atuação dos mediadores e conciliadores.

Capítulo 5

Questões para revisão

1. Interesse é aquilo que a pessoa realmente quer, sua real necessidade, mas que nem sempre é verbalizado. Já posição é aquilo que a pessoa declara ou acredita necessitar, é a forma que ela acha melhor para alcançar seu objetivo.

2. Um bom planejamento em uma negociação envolve os seguintes aspectos: (a) Faça uma autoanálise: Qual é seu perfil de negociador? Quais são seus pontos fracos e fortes?; (b) O que você vai negociar?; (c) Qual é seu principal motivador na negociação? (Ou seja, quais são as necessidades que você pretende satisfazer?); (d) Faça uma análise de seu interlocutor: Qual é o perfil de negociador dele? Quais são seus pontos fracos e fortes? Com relação à definição de critérios objetivos, é importante estabelecer metas. Também utilizamos a sigla ZOPA (zona de possível acordo), para estabelecer um limite mínimo e máximo nas negociações. Por fim, é necessário considerar quais ajustes você poderia propor em seu acordo. Para as diversas alternativas existentes em uma negociação, usamos a sigla BATNA (*best alternative to a negotiated agreement*) ou MAANA (melhor alternativa à negociação de um acordo), que significa pensar em alternativas concretas ao acordo. Quanto melhor sua BATNA, maior seu poder na negociação.

3. a

   A inteligência emocional abrange dois aspectos muito importantes. O primeiro é autoconhecimento. É preciso conhecer seu perfil, sua personalidade. O segundo é empatia. A compreensão do interlocutor e das reais necessidades dele é extremamente relevante em uma situação de negociação, pois assim começamos a ganhar sua confiança e certamente obteremos uma boa negociação.

4. b

   O método da negociação baseada em princípios sugere separar as pessoas do problema e considerar ambas as partes como efetivos solucionadores de tal situação, trabalhando juntos para resolvê-lo, ou seja, sendo "gentil com as pessoas" e "firme com o problema" (Fisher; Ury; Patton, 2018, p. 32).

5. c

   Uma boa negociação começa no planejamento, devendo-se reunir todas as informações possíveis sobre a outra parte e colocar-se no lugar dela para verificar seus reais interesses. Também é importante ter clareza sobre os próprios interesses e pensar em mais de uma opção que os atenda. Com relação à definição de critérios objetivos, é importante estabelecer metas, mas também é preciso definir alternativas concretas ao acordo. Apesar do planejamento, a negociação nunca seguirá um "fluxograma"; ela não é uma ciência exata, então sempre devemos pensar nos possíveis ajustes também.

Questões para reflexão

1. Para auxiliar na reflexão, leia a Seção 5.1.
2. Não há uma resposta certa. A questão visa estimular a reflexão sobre os pontos de melhora como negociador após a leitura do capítulo, bem como promover a compreensão das técnicas explanadas.

Capítulo 6

Questões para revisão

1. Devemos nos conscientizar de que somente nós somos responsáveis por nossos pensamentos, sentimentos e atos, sem culpar, analisar, rotular, comparar ou criticar os outros, assumindo nossas próprias responsabilidades. Para um mediador ou conciliador, isso é imprescindível, pois as partes podem se comportar dessa forma com frequência, com julgamentos e até acusações contra o outro e, nesse momento, a utilização das técnicas estudadas é de suma importância para o facilitador.

2. Quando falamos em estabelecer o *rapport*, trata-se de estabelecer uma relação de confiança e harmonia, criando um espaço adequado para uma conversa efetiva. Para isso, devemos ser claros, objetivos, seguros, afirmativos, flexíveis e adotar uma postura empática e acolhedora, deixando as partes à vontade. O estabelecimento do *rapport* começa na declaração de abertura, que é a etapa inicial, na qual o facilitador se apresenta e explica às partes como funciona o procedimento. Esse é o momento crucial para se estabelecer o *rapport*, pois a apresentação deve ser acolhedora e cordial. Em seguida, o facilitador deve perguntar como as partes preferem ser chamadas. Sempre devemos pensar como nos sentiríamos no lugar das pessoas com quem estamos falando.

O mediador ou conciliador é um exemplo para as partes, um modelo de como estas devem se comportar. Portanto, se formos atenciosos e compreensivos e propiciarmos um ambiente adequado e de cooperação, estimularemos as partes a agir dessa forma também.

3. c

    A CNV ensina que devemos evitar julgamentos e que aquilo que os outros fazem e dizem para nós nunca será a causa de nossos sentimentos, embora possa ser um estímulo para sentirmos algo. Começamos a sentir algo pela maneira como recebemos aquilo que os outros fazem e dizem, observando quais são nossas necessidades específicas naquele momento. Revelar nossa vulnerabilidade, demonstrando nossos sentimentos, pode auxiliar na resolução de conflitos.

4. a

    Na primeira afirmativa, a palavra *demais* demonstra uma avaliação; na segunda afirmativa, o adjetivo *relaxado* expressa um julgamento, portanto evidencia uma avaliação; a terceira afirmativa é uma observação. Caso fosse dito que Paulo não estava prestando atenção ou que ele era irresponsável porque estava mexendo no celular durante a reunião, por exemplo, então seria uma avaliação. Na quarta afirmativa, a palavra *nunca* expressa uma avaliação.

5. b

    Nas duas primeiras afirmações, a pessoa assume a responsabilidade por seus sentimentos. Na terceira, há uma atribuição de culpa ao outro quando se afirma "Você me irrita". Uma forma de assumir a responsabilidade por seus sentimentos seria dizer, por exemplo: "Fico irritado quando você faz esse tipo de brincadeira, porque me sinto feio" (vamos supor que seja uma brincadeira que leve em consideração a aparência da pessoa; nesse caso, ela está assumindo a responsabilidade sobre como se sente e, ao mesmo tempo, expressando ao outro, de maneira assertiva, seu sentimento quando recebe aquele tipo de brincadeira).

Questões para reflexão

1. Não há uma resposta correta. A questão visa estimular a reflexão sobre as técnicas de comunicação não violenta.

2. Não há uma resposta correta. A questão visa estimular a reflexão sobre outras possíveis técnicas de comunicação, além das estudadas.

Daniele Polati Farinhas é advogada com ampla atuação na área negocial cível, palestrante sobre técnicas de negociação e membra da Comissão de Mediação da OAB Paraná. Também é professora tutora dos Cursos Superiores em Tecnologia de Mediação, Conciliação e Arbitragem e Gestão de Serviços Jurídicos e Notariais e professora dos Cursos de Extensão Métodos Adequados de Solução de Conflitos e "Conciliação, Mediação e Práticas Restaurativas, do Centro Universitário Internacional Uninter. Ainda, é apresentadora do programa *Café e Conhecimento*, uma parceria entre a Rádio Uninter e a Escola Superior de Gestão Pública, Política, Jurídica e Segurança do Centro Universitário Internacional Uninter. Tem MBA executivo em Direito: Gestão e Business Law pela Fundação Getulio Vargas, pós-graduação em Direito Aplicado pela Escola da Magistratura do Paraná e graduação em Direito pela Pontifícia Universidade Católica do Paraná (PUCPR).

Os papéis utilizados neste livro, certificados por instituições ambientais competentes, são recicláveis, provenientes de fontes renováveis e, portanto, um meio responsável e natural de informação e conhecimento.

Impressão: Reproset
Julho/2023